EL
Libro
DE Enoc
EL PROFETA

EL Libro DE Enoc

EL PROFETA

**Edición original
de 1883**

Grupo Editorial Tomo, S.A. de C.V.,
Nicolás San Juan 1043,
03100, México, D.F.

1a. edición, agosto 2010.

The Book of Enoch the Prophet
Translated by Richard Laurence Copyright © 2000
Published by Adventures Unlimited Press
Kempton, Illinois 60946 USA

©   2010, Grupo Editorial Tomo, S.A. de C.V.
Nicolás San Juan 1043, Col. Del Valle
03100 México, D.F.
Tels. 5575-6615, 5575-8701 y 5575-0186
Fax. 5575-6695
http://www.grupotomo.com.mx
ISBN-13:978-607-415-181-7
Miembro de la Cámara Nacional
de la Industria Editorial No 2961

Traducción: Carlos Asrael Oereda
Formación tipográfica: Armando Hernández
Diseño de portada: Karla Silva
Supervisor de producción: Leonardo Figueroa

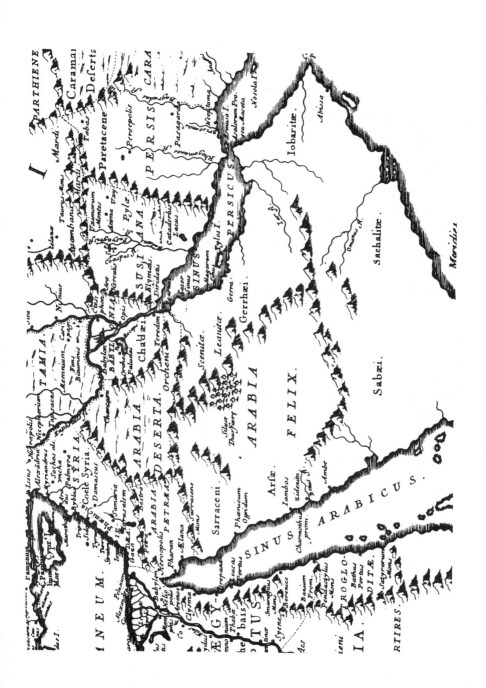

Estela egipcia que se le dio a James Bruce y que ahora se encuentra en el Museo Real de Escocia.

Ilustración original de James Bruce en 1790

EL LIBRO DE ENOC
EL PROFETA

TRADUCIDO DE

UN MANUSCRITO ETÍOPE EN LA BIBLIOTECA BODLEIANA

POR EL FINADO

RICHARD LAURENCE, DOCTOR EN DERECHO

ARZOBISPO DE CASHEL

EL TEXTO SE CORRIGIÓ AHORA A PARTIR DE SUS ÚLTIMAS NOTAS

CON UNA INTRODUCCIÓN DE

LYMAN ABBOTT

AUTOR DE *LA EVOLUCIÓN DEL CRISTIANISMO*

Libia   Egipto

Chad

Sudán

República
Centro-
africana

Arabia
Saudita

MAR
ROJO

Etiopía

Zaire   Uganda   Kenia   Somalia

NORESTE de ÁFRICA

millas
kilómetros

Fronteras
Carreteras
Vías de
ferrocarril
Pantanos

Nota del Editor

Ésta es una reimpresión del *Libro de Enoc el Profeta,* que en 1773 el explorador escocés James Bruce descubrió primero en tres manuscritos en Abisinia (hoy Etiopía). El texto antiguo fue escrito en el segundo o en el primer siglo a.C., en hebreo o arameo. Después se tradujo al griego y luego, al etíope y al latín. Sólo se han encontrado fragmentos de las versiones en griego y en latín, pero se han recuperado varios textos etíopes.

En 1821, Richard Laurence tradujo el libro por primera vez al inglés. Le siguieron varias ediciones, culminando en la publicación de 1883 que se reimprime aquí. Otros eruditos han propuesto versiones del libro, pero carecen del estilo fluido de la traducción original de Laurence.

La figura bíblica de Enoc fue el hijo de Caín, o en la tradición setita, fue el hijo de Jared y el padre de Matusalén. El *Libro de Enoc* es pseudoepigráfico, atribuido a este gran ancestro judío que se dice fue el inventor de las matemáticas, la escritura y la astronomía. Su relación cercana con Dios dio como resultado que lo transportaran directamente al cielo (*Gen* 5:24), donde se cree que se le mostraron los secretos del universo y de todo el tiempo. Por lo tanto, es apropiado que él fuera el "autor" de este libro que describe el funcionamiento del universo y del plan final de Dios para salvar a los justos y castigar a los malvados.

Hay varias partes del *Libro de Enoc.* En el **Libro I,** Enoc actúa como un mediador entre los "caídos" o los "vigilantes"… ángeles que sintieron lujuria por las bellas hijas de los hombres y que descendieron a la tierra para casarse con ellas. Esta interferencia por parte de los "vigilantes" es considerada como la introducción del mal al mundo, y a Enoc se le instruye a través de visiones vívidas que les diga a los ángeles caídos su destino final y desafortunado. A Enoc lo llevan varios ángeles de la luz por toda la tierra y al Sheol (Infierno), hasta el lugar del juicio final para los que han caído y el Jardín de los Justos que se ha destinado para los buenos.

El **Libro II** está compuesto de tres parábolas (o similitudes), que desarrollan el tema de la victoria de los justos y la condena de los malvados. El Mesías, o el "Hijo del Hombre", viene para juzgar a todos los seres y a presidir la resurrección de los justos. Se revelan los ángeles, los arcángeles y los secretos de la meteorología y la astronomía.

El **Libro III** está lleno de información "científica" sobre las luminarias del cielo, en las que Enoc debe haber sido un experto. Mediante una interpretación erudita, puede suponerse que este libro es una llamada influida por los saduceos para contar el calendario según los días solares (es interesante notar que Enoc vivió 365 años), no lunares, como era la tradición de los fariseos. Enoc dice que al final de los días malévolos aparecerán extraños disturbios en el universo normalmente bien ordenado.

El **Libro IV** comprende las Visiones de los Sueños de Enoc respecto al futuro del pueblo judío. Las imágenes y simbolismo de este libro (y de *Enoc* en general) son comparables únicamente a las del *Libro de las Revelaciones.*

El **Libro V** introduce el Apocalipsis de las Semanas en el que la historia y el futuro del hombre se establece en semanas "desiguales" de tiempo, culminando con la creación de un nuevo cielo eterno.

El *Libro de Enoc* fue una influencia importante en los escritores judíos y en los primeros escritores cristianos, pero nunca se incluyó en el canon cristiano. Los escribas del Nuevo Testamento recurrieron mucho a los temas que se delinean en *Enoc,* incluyendo las visiones apocalípticas, la demonología, la angelología, la era mesiánica, la Nueva Jerusalén, la Resurrección y el Juicio Final. Todo se reimprime aquí para que usted lo interprete.

Introducción

En la Versión Autorizada de la Epístola de Judas, leemos las siguientes palabras:

"De éstos también profetizó Enoc, séptimo desde Adán, diciendo: He aquí, vino el Señor con sus santas decenas de millares, para hacer juicio contra todos, y dejar convictos a todos los impíos de todas sus obras impías que han hecho impíamente, y de todas las cosas duras que los pecadores impíos han hablado contra Él".[1] Las investigaciones modernas ven en la Epístola de Judas una obra del siglo II; pero aunque los teólogos ortodoxos aceptan su contenido como la expresión inspirada de un apóstol, investiguemos con diligencia en las Escrituras Hebreas buscando este importante pronóstico de la segunda venida del Mesías. En vano pasamos las páginas del Canon sagrado; ni siquiera en los Apócrifos podemos rastrear una línea de la pluma del ser maravilloso a quien se le asigna la inmortalidad ininterrumpida por parte de la interpretación apostólica[2] del Génesis 5:24. ¿Fueron aceptadas por lo tanto las profecías de Enoc como una revelación divina en ese importante día cuando Jesús explicó las Escrituras, después de su resurrección, a Judas y a sus hermanos apóstoles, y nosotros, los modernos, hemos traicionado nuestra confianza excluyendo de la Biblia un registro inspirado?

---

[1] Compárese el *Libro de Enoc*, cap. 2.
[2] Hebreos, 11:5.

Regresando al segundo siglo del cristianismo, encontramos a Ireneo y a Clemente de Alejandría citando el *Libro de Enoc* sin cuestionar su carácter sagrado. Ireneo, al asignar de esta manera al *Libro de Enoc* una autenticidad análoga al de la literatura mosaica, afirma que Enoc, aunque era un hombre, cubrió el puesto de mensajero de Dios para los ángeles.[1] Tertuliano, que floreció a finales del siglo primero y a principios del siglo segundo, aunque admite que la "Escritura de Enoc" no es recibida por algunos debido a que no se incluye en el Canon Hebreo, habla del autor como "el profeta más antiguo, Enoc", y del libro como el autógrafo de inspiración divina de ese patriarca inmortal, preservado por Noé en el arca, o reproducido milagrosamente por él a través de la inspiración del Espíritu Santo. Tertuliano agrega: "Pero ya que Enoc ha hablado en la misma escritura del Señor, y 'toda escritura apropiada para la edificación está inspirada en forma divina', no rechacemos nada que nos pertenezca. Puede parecer ahora que ha sido repudiado por los judíos al igual que todas las otras escrituras que hablan de Cristo…, un hecho que no debe causarnos sorpresa, ya que ellos no quisieron recibirlo, incluso cuando él personalmente se dirigió a ellos". Tertuliano confirma estas opiniones apelando al testimonio del Apóstol Judas.[2] Por lo tanto, el *Libro de Enoc* era tan sagrado como los Salmos o Isaías a la opinión del famoso teólogo, en quien se apoya la ortodoxia moderna como el canonista principal de las escrituras del Nuevo Testamento.

Al citar la literatura hebrea, Origen [de Alejandría] (254 d.C.) le asigna al *Libro de Enoc* la misma autoridad que los Salmos. En una polémica discusión con Celso, afirma que la obra del patriarca antediluviano no fue aceptada como divina en las igle-

---

[1]   Contra las Herejías, 5:16. Compárese el *Libro de Enoc* 15.
[2]   "Sobre el vestido femenino", II.

sias, y que los teólogos modernos han supuesto consecuentemente que él ha rechazado la inspiración del libro; pero al grado que él adopta el lenguaje del libro y sus ideas, revela la convicción personal de que Enoc fue uno de los mayores profetas. Así, en su tratado sobre los ángeles leemos: "No debemos suponer que un puesto especial se le asignó por mero accidente a un ángel en particular: para Rafael, el trabajo de curar y sanar; para Gabriel, la dirección de las guerras; para Miguel, el deber de oír las oraciones y las súplicas de los hombres".[1] ¿De qué fuente, más que de una supuesta revelación, podría Origen obtener y publicar estos detalles circunstanciales de la administración ministerial del cielo?

Al recurrir al *Libro de Enoc*, leemos: "Después de eso pregunté al ángel de paz que iba conmigo y me mostraba todas las cosas que están ocultas. Le pregunté: '¿Quiénes son aquellos a los que he visto en los cuatro lados, cuyas palabras he oído y he escrito?' Él contestó: El primero, el misericordioso y muy paciente, es Miguel. El segundo, que está encargado de las enfermedades y de todas las heridas de los hijos de los hombres, es Rafael. El tercero, que está encargado de todos los poderes, es Gabriel. El cuarto, que está encargado del arrepentimiento y la esperanza de quienes heredarán la vida eterna, es Sariel".[2] Descubrimos así las fuentes del conocimiento aparentemente sobrehumano de Origen y detectamos su confianza implícita en el *Libro de Enoc* como revelación divina.

Cuando el cristianismo primitivo se había apropiado con libertad las visiones de Enoc como los materiales de los dogmas constructivos, este notable libro gradualmente se hundió en el olvido, desapareció de la cristiandad occidental y finalmente lo

---

[1] "De Principiis", viii.
[2] *Libro de Enoc* 40. 8, 9

olvidó la Iglesia, lo que inconscientemente perpetuó las enseñanzas del libro como las revelaciones milagrosas del cristianismo.

El *Libro de Enoc*, desconocido para Europa durante casi mil años, excepto a través de los fragmentos preservados por Jorge Sincelo (aprox. 792, d.C.), a la larga fue descubierto por Bruce en Abisinia, trayendo a casa tres ejemplares de la versión etíope en 1773, respecto a lo cual, él escribe: "Entre los artículos que entregué a la biblioteca en París, había un ejemplar muy bello y magnífico de las Profecías de Enoc, en large quarto;[1] otro estaba entre los Libros de las Escrituras que traje a casa, que estaba inmediatamente antes del Libro de Job, que es su lugar apropiado en el Canon Abisinio; y una tercera copia se entregó a la Biblioteca Bodleiana en Oxford, por conducto del Dr. Douglas, el Obispo de Carlisle".

Este inestimable manuscrito, destinado algún día a revelar la fuente olvidada de muchos dogmas y misterios cristianos, descansó en la oscuridad bodleiana, hasta que se le presentó al mundo a través de una traducción al inglés realizada por el Dr. Laurence, Arzobispo de Cashel, que anteriormente fue profesor de hebreo en Oxford, que publicó su primera edición en 1821, con una aparente inconsciencia de que él le estaba proporcionando a la humanidad los fósiles teológicos a través de los cuales, a la luz más clara de nuestra generación, se puede estudiar la "Evolución del cristianismo".

La escasez de la traducción del Arzobispo Laurence, antes de la publicación de la segunda edición en 1833, produjo la impresión en Alemania de que la obra había sido suprimida por su autor; pero este informe se contradice en el prefacio de la terce-

---

[1] Large quarto: tamaño de papel de aproximadamente 24 cm × 30 cm. N. de T.

ra edición publicada en 1838, en respuesta a un pedido grande de Estados Unidos.

El *Libro de Enoc* produjo más interés en el continente que en Inglaterra. El Dr. Hoffman lo tradujo al alemán en 1838, Gfrörer lo tradujo al latín en 1840, Dillmann nuevamente al alemán en 1853 y ha sido comentado por Weisse, Lücke, Hilgenfeld, y Kalisch, este último expresó la predicción de que el *Libro de Enoc* "un día será utilizado como el testigo más importante en la historia de los dogmas religiosos". El día y la hora han llegado, el reloj ha sonado, y de esta manera, al publicar una edición de la traducción del *Libro de Enoc* realizada por el Arzobispo Laurence, ponemos al alcance de todos los lectores del idioma inglés, los medios para estudiar el origen pre-cristiano de los misterios cristianos.

Dirigiéndonos a la "Disertación Preliminar" del Arzobispo Laurence, en la que comenta, con crítica imparcial y una elevada erudición, el origen del *Libro de Enoc*, encontramos que él llega a conclusiones importantes, que fue escrito por un judío de la Diáspora en su propio lenguaje, ya fuera hebreo o el posterior arameo adquirido en el exilio; que la versión en las manos del autor de la Epístola de Judas y de los Padres anteriores a Nicea era una traducción griega; y que la edición etíope, ya fuera traducida del arameo o de griego, es la misma obra que la que el apóstol citó.

Para atestiguar la teoría del origen arameo o sirio-caldeo, el Arzobispo Laurence se refiere a los "restos más antiguos de la cábala (tradiciones hebreas) contenidas en el *Zohar*, una especie de comentario filosófico de la Ley, que combinaba las opiniones teológicas con las sutilezas alegóricas de la escuela mística. En esta celebrada recopilación de lo que durante mucho tiempo se había supuesto que constituía la sabiduría oculta de la nación judía, se hacen referencias ocasionales al *Libro de*

Enoc, como un libro cuidadosamente preservado de generación en generación". El Arzobispo Laurence proporciona extractos del *Zohar*, haciendo referencia a pasajes importantes en el *Libro de Enoc*, e infiere que "los autores de los restos cabalísticos escribieron sus doctrinas recónditas en caldeo", y poseían un ejemplar del *Libro de Enoc*, escrito en ese lenguaje o en hebreo, "que ellos consideraban como la obra genuina de aquel cuyo nombre portaba, y no como una producción espuria de un periodo posterior.

El Arzobispo Laurence considera entonces la fecha probable de la obra, e infiere, a partir de la cita de Judas, que debe haberse escrito antes de la era cristiana, pero no antes del cautiverio en Babilonia, ya que contiene el lenguaje y las imágenes de Daniel, "en la representación del Anciano de Días llegando a juzgar con el Hijo del hombre". Pero desde que el Arzobispo Laurence escribiera, la crítica moderna ha revelado lo nebulosa que es la fecha de Daniel, de manera que se vuelve tan razonable suponer que el autor o el recopilador recurrieron al *Libro de Enoc*, como atribuir plagio al pseudo-patriarca. El traductor erudito, sin embargo, descubrió una prueba más satisfactoria, a través de evidencia interna, de que el libro "se escribió mucho después del inicio, e incluso después de la terminación del cautiverio en Babilonia".

Esa sección del *Libro de Enoc*, que se extiende desde el capítulo 82 hasta el 90, contiene una narración alegórica de las dinastías reales de Israel y Judá, a partir de la que el Arzobispo Laurence construye una historia que se extiende desde Saúl hasta el inicio del reino de Herodes el Grande, e infiere que el *Libro de Enoc* se escribiera "antes del surgimiento del cristianismo; muy probablemente en un periodo temprano del reino de Herodes". El Arzobispo agrega: "No podría haber sido el producto de un escritor que vivió después de los autores inspirados del

Nuevo Testamento, o que incluso fuera contemporáneo de ellos, debe ser evidente a partir de la cita de San Judas... una cita que demuestra que en su tiempo debe haber sido una obra atribuida al mismo Enoc".

Además, el Arzobispo Laurence llega a la probabilidad de la fecha a través de otra línea de argumentación. En el capítulo 54, 9 del *Libro de Enoc* leemos: "Los jefes del este, entre los partos y los medos, removerán a los reyes, a quienes invadirá un espíritu de desasosiego. Los derrocarán de sus tronos, saltando como leones de sus guaridas, y como lobos hambrientos en medio del rebaño". Al comentar sobre este pasaje, el Arzobispo Laurence dice: "Ahora bien, los partos eran totalmente desconocidos en la historia, hasta el año 250 antes de Cristo, cuando bajo el liderazgo de Arsaces (el nombre de familia de todos los reyes subsecuentes) se rebelaron contra Antíoco Theos, que entonces era rey de Siria. Sin embargo, no fue sino hasta el año 230 a.c., que su imperio se estableció firmemente, cuando Arsaces derrotó y tomó prisionero a Seleuco Calinico, el monarca sirio, y el primero que asumiera el título de rey de Partia. Gradualmente redujeron el dominio sirio de cada provincia que se extendía al este del Éufrates; de manera que aproximadamente en el año 140 a.c. su vasto imperio se extendía desde el Ganges hasta el Éufrates, y desde el Éufrates hasta el Cáucaso". Por lo tanto, estos hechos llevarían a la conclusión de que el *Libro de Enoc* se escribió aproximadamente a la mitad del segundo siglo antes de Cristo; pero como agrega el autor al pasaje ya mencionado: "Ellos se levantarán, y pisarán la tierra de sus elegidos. La tierra de sus elegidos estará ante ellos. El piso de desgranamiento, el camino y la ciudad de mi pueblo justo impedirán el progreso de sus caballos". El Arzobispo Laurence relaciona este lenguaje con la invasión que los partos realizaron de Siria en el año 54 a.C., y su derrota de Antonio dieciocho años después, "cuando la fama de las armas de los partos estaba en la cúspide; y es probable que aproximadamente en el mismo periodo, o cuando menos no mucho después, se escribiera el *Libro de Enoc*".

Ahora, naturalmente surge la pregunta: ¿cómo fue que esta obra de ficción se aceptara en un periodo tan corto, como la producción genuina del patriarca Enoc? El Arzobispo responde mostrando, a través de evidencia interna, que el libro fue escrito por un judío que residía a cierta distancia de Palestina, y al llevarlo a Judea a nombre del profeta Enoc, la oscuridad de su origen causó que algunos lo aceptaran como la producción genuina del patriarca mismo. En el capítulo 71, Pseudo-Enoc divide el día y la noche en dieciocho partes, y representa el día más largo del año consistiendo de doce de esas dieciocho partes. "Ahora, la proporción de doce a dieciocho es precisamente lo mismo que de dieciséis a veinticuatro, la división actual en horas del periodo que constituye el día y la noche. Por lo tanto, si consideramos en qué latitud debe estar situado un país para tener un día de dieciséis horas, de inmediato percibimos que Palestina no podría ser tal país. Podríamos concluir con seguridad que la región en la que el autor vivió debe haber estado situada a no menos de cuarenta y cinco grados de latitud norte, donde el día más largo es de quince horas y media, ni a más de cuarenta y nueve grados, donde el día más largo es precisamente de dieciséis horas. Esto haría que el país donde él escribió, llegara cuando menos a los distritos del norte del Mar Caspio y Euxino; probablemente estuviera situado entre las regiones superiores de estos dos mares; y si la última conjetura estuviera bien fundada, el autor del *Libro de Enoc* probablemente fue miembro de una de las tribus que Salmanasar se llevó, y se le envió 'a Halah y a Habor en el Río Goshen en la ciudad de los medos', y que nunca regresó de su cautiverio".

Desde que el Arzobispo Laurence escribiera su "Disertación Preliminar", se ha arrojado una nueva luz acerca del origen de *Libro de Enoc* a través de la publicación de "Nínive y Babilonia" del Sr. Layard, registrando el descubrimiento, en las ruinas de Babilonia, de tazas o tazones de terracota, cubiertos en la superficie interior con inscripciones en tinta, que han sido descifrados por el Sr. Thomas Ellis del Departamento de Manuscritos del Museo Británico, como amuletos o encantamientos en contra de los espíritus malignos, la enfermedad, la calamidad y la muerte súbita, compuestos en idioma caldeo mezclado con palabras hebreas,[1] y escritas en caracteres que combinan el siríaco y el palmireño con el antiguo fenicio. Estas inscripciones no están fechadas; pero el Sr. Ellis llegó a la conclusión a través de evidencia interna, que estas tazas pertenecían a los descendientes de los judíos que fueron llevados cautivos a Babilonia y ciudades cercanas.

Pero la revelación más importante que se obtuvo a través de estos descubrimientos del Sr. Layard radica en el hecho interesante, mencionado en esta obra, de que los nombres de los ángeles inscritos en estas tazas, y los que se registran en el *Libro de Enoc*, en muchos casos son idénticos, de manera que no queda duda acerca del origen hebreo-caldeo de esa gran obra semítica, ya sea atribuible al genio humano o a la revelación divina; y los amuletos exhumados de los judíos en la Diáspora atestiguan la exactitud de las conclusiones del Arzobispo Laurence respecto a la nacionalidad del Pseudo-Enoc.

La ignorancia del contenido de los textos apócrifos, de acuerdo al Canon de la Iglesia de Roma, es tan general en Ingla-

---

[1] "Aleluya" aparece en las tazas; y así, una palabra utilizada para conjuros por parte de los antiguos sirio-caldeos, se ha convertido a través de las vicisitudes del lenguaje, en el Shibboleth de los modernos "reformistas".

terra que muchas personas que de otra forma están bien informadas, imaginan que el *Libro de Enoc* puede encontrarse en sus páginas, mientras que está perdido para todos los lectores en inglés, con excepción de aquellos que pueden ser propietarios o tengan acceso a ejemplares de la traducción al inglés, publicada por última vez en 1838. Sobre este aspecto de la cuestión, el Arzobispo Laurence escribe:

"El destino de los Escritos Apócrifos en general ha sido singular. Por una parte, a partir de la influencia de la opinión teológica o el capricho teológico, se han aceptado imprudentemente en el Canon de las Escrituras; mientras que por otra parte, debido a una ansiedad excesiva por preservar inviolado ese Canon, no se han rechazado simplemente, sino que se han cargado con todo epíteto de desprecio y calumnia. Posiblemente, los sentimientos de ambas partes escapen a su criterio en tales ocasiones. Porque los escritos de esta descripción, sea o no que afirmen su fuente de inspiración, son cuando menos de considerable utilidad, ya que indican las opiniones teológicas de los periodos en los que se escribieron. Aprendí que esto es en especial el caso del *Libro de Enoc*, ya que es evidente que se escribió antes de que se promulgaran las doctrinas del cristianismo para el mundo, y cuando se refiere a la naturaleza y al carácter del Mesías, como se refiere en repetidas ocasiones, debe permitirnos tener una prueba creíble de lo que eran las opiniones judías acerca de esos puntos antes del nacimiento de Cristo, y consecuentemente, antes del posible predominio del credo cristiano".

El Arzobispo Laurence reconoce claramente de esta manera que las visiones de Enoc precedieron las enseñanzas de Jesús, pero a él no se le concedió ni a su generación, el ver qué tan profundamente afectaron sus conclusiones a las afirmaciones sobrenaturales del cristianismo.

Dirigiéndonos al contenido del *Libro de Enoc*, los primeros seis capítulos anuncian la condena de los transgresores y la bendición de los justos a través del advenimiento triunfal del Mesías, y se pronostica la famosa predicción citada por el autor de la Epístola atribuida a Judas.

Los capítulos 7 al 16 registran el descenso de doscientos ángeles a la tierra, su selección de esposas, el nacimiento de sus hijos gigantes y la instrucción para la humanidad acerca de la fabricación de armas ofensivas y defensivas, la fabricación de espejos, la elaboración de joyería y el uso de cosméticos y tintes, combinado con lecciones de brujería, astrología, adivinación y astronomía… todo lo cual Tertuliano acepta como revelación divina, cuando él denuncia a la mujer como "la puerta del diablo" [1] y a ella le asegura, por la autoridad del inspirado Enoc, que los tintes de Tiro, los encajes frigios, las telas babilónicas, los brazaletes de oro, las perlas deslumbrantes, los relucientes ónix y las brillantes esmeraldas, junto con todos los otros aditamentos de un elegante baño, son los regalos especiales de los ángeles caídos para la fragilidad femenina. El advenimiento de los ángeles multiplica las transgresiones en la tierra, se les condena a "las mayores profundidades del fuego en las tormentas" y Enoc, como mensajero de Dios, les anuncia la eternidad de su castigo.

Los capítulos del 17 al 36 proporcionan una descripción gráfica de los milagrosos viajes de Enoc en compañía de un ángel, de quien aprende los secretos de la creación y los misterios del Infinito. Desde la cumbre de una elevada montaña "que llegaba hasta el cielo", observó los receptáculos de luz, relámpago y trueno, "la gran oscuridad o las montañas de las tinieblas que constituyen el invierno, las bocas de ríos y de la profundi-

---

[1] "Sobre el vestido femenino", libro 1, cap. 1.

dad, *la piedra angular que soporta las esquinas de la tierra,* y los cuatro vientos que sostiene la tierra y constituyen los pilares del cielo". [1] ¿No es esta evidentemente la cosmología inspirada, a través de la cual el autor del *Libro de Enoc* inconscientemente condenaba a la hoguera a los físicos medievales por proclamar en forma irreverente la movilidad de la tierra? Si un profeta inspirado vio la piedra angular que soporta las esquinas de la tierra, ¡cuán imperdonable es la culpa de los hombres, que alentaron el escepticismo a través de la teoría heliocéntrica de un mundo que viajaba rápidamente alrededor del sol!

¿Pero no había desaparecido el *Libro de Enoc* por siglos de Europa, antes de la persecución de Galileo y el martirio de Bruno? Respondemos que las enseñanzas del libro han sobrevivido, como otras numerosas supersticiones han pasado de generación en generación mucho después de que todo conocimiento de su origen se ha perdido para los teólogos que los aceptan como Divinos.

En la *Evolución del cristianismo*, citamos el siguiente pasaje de Ireneo: "Es imposible que los Evangelios puedan ser más o menos de los que son. Ya que como hay cuatro zonas en el mundo que habitamos y cuatro vientos principales, y mientras que la Iglesia está extendida por toda la tierra, y el pilar y la base de la Iglesia es el evangelio y el espíritu de la vida, es correcto el que debamos tener cuatro pilares de vida, es correcto que deba tener cuatro pilares que exhalan inmortalidad y les proporcione a los hombres una vitalidad renovada. De este *hecho* se concluye que la Palabra nos ha dado cuatro versiones del Evangelio, unidas por un espíritu". Ahora reconocemos que esta teoría imaginativa de un número limitado de evangelistas se basa en la cosmología de Enoc; y si en el siglo II, Ireneo

---

[1] Capítulo 18.

aceptó las visiones de un patriarca antediluviano como *hechos,* la supervivencia tradicional de la "piedra angular" de la tierra indudablemente controló la astronomía ortodoxa de los teólogos medievales.

Al proseguir en este viaje con el ángel Uriel, Enoc vio además la prisión de los ángeles caídos, en la que agobiantes columnas de fuego ascendían desde un abismo horrendo. Vio las regiones en las que los espíritus de los muertos esperan el día del juicio; observó los árboles del conocimiento y de la vida, exhalando fragantes aromas de hojas que nunca se secaban, y de fruta que siempre brota; y observó la "maravilla grande y gloriosa" de las estrellas celestes, que cruzaban por "las puertas del cielo".

Los capítulos de 37 al 71 registran la segunda visión de sabiduría, dividida en tres parábolas. La primera describe la felicidad y gloria futura de los elegidos, a quienes Enoc observó reclinados en sofás en las habitaciones de los ángeles, o de pie en millares y millares, y en miríadas y miríadas ante el trono de Dios, bendiciéndolo y glorificándolo a Él con una canción celestial, como el santo, santo Señor de los espíritus, ante quien habitan eternamente los justos.

Ya que Enoc expresó sus profecías respecto a los elegidos, antes de la existencia del cristianismo, es importante saber en qué sentido entendía él la doctrina de la elección. El lenguaje de la primera parábola felizmente no deja espacio para dudas: "Los justos serán elegidos por sus buenas obras debidamente evaluadas por el Señor de los Espíritus".[1] Por lo tanto, la elección que se rastrea a su fuente original, no significa más que la divina "selección de los más aptos", una teoría que concuerda más con la justicia de Dios, que con una elección caprichosa del alfarero

---

[1] Capítulo 38.2.

metafórico, cuyo moldeo arbitrario del barro plástico simboliza, en la teología paulina, la doctrina de la predestinación.

La segunda parábola (45–55) exige la atención absorta de los modernos judíos y gentiles; porque se trata del pronóstico inspirado de un gran profeta hebreo, prediciendo con precisión milagrosa la enseñanza futura de Jesús de Nazaret, o el romance semítico a partir del cual este último tomó prestadas sus concepciones acerca del regreso triunfal del Hijo del hombre, para ocupar el trono de juez en medio de santos que se regocijan y de pecadores temblorosos, a la espera de la felicidad sin final o el fuego eterno; y ya sea que estas visiones celestiales puedan aceptarse como humanas o divinas, han ejercido una influencia tan vasta sobre los destinos de la humanidad durante casi dos mil años, que buscadores francos e imparciales de la verdad religiosa ya no pueden retrasar la investigación sobre la relación del *Libro de Enoc* con la revelación, o la evolución del cristianismo.

La tercera parábola (55–70) regresa, con deslumbrante elocuencia, al tema inagotable de la gloria mesiánica, y presenta de nuevo un futuro feliz de los justos en contraste con la miseria impresionante de los malévolos. También registra el control sobrenatural de los elementos, a través de la acción de ángeles individuales que dominan a los vientos, al mar, al granizo, a las heladas, al rocío, al relámpago que resplandece y al trueno que retumba. También se proporcionan los nombres de los principales ángeles caídos, entre los que reconocemos algunos de los poderes invisibles que se nombran en los encantamientos inscritos en las copas de terracota de los conjuros hebreo-caldeos.

Los capítulos del 71 al 81 contienen el "libro sobre el movimiento de las luminarias celestiales", el sol, la luna y las estrellas, siendo sus movimientos controlados por la administración de los ángeles. Al comentar sobre esta sección del *Libro de Enoc*, el Arzobispo Laurence dice: "El sistema de astronomía es precisamente el de un observador del cielo, carente de educación, pero preciso. Describe las partes oriental y occidental del cielo, los lugares donde surgen y se ocultan el sol y la luna, divididos cada uno en seis puertas diferentes, a través de las que esos cuerpos celestes de luz pasan por sus periodos respectivos. En la denominación de estas puertas, él comienza con aquella a través de la que pasa el sol en el solsticio de invierno; y a ésta él la denomina como la *primera* puerta. Por supuesto, corresponde al signo de Capricornio, y es el punto más al sur al que llega el sol, tanto al amanecer como en el ocaso. La siguiente puerta, a la que llega el sol en su progreso hacia el este al amanecer, y hacia el oeste en el ocaso, y que corresponde al signo de Acuario, él la denomina como la *segunda* puerta. La siguiente, continuando con el mismo curso del sol, que corresponde al signo de Piscis, él la denomina la *tercera* puerta. La *cuarta* puerta en su descripción es la que está situada rumbo al este al amanecer, y rumbo al oeste al ocaso, y en la que correspondiendo al signo de Aries, el sol entra al equinoccio vernal. Con esta *cuarta* puerta él comienza su descripción del circuito anual del sol, y de su cambio consecuente de la duración del día y la noche en las diferentes estaciones del año. Su *quinta* puerta se encuentra ahora en el progreso del sol hacia el norte, y corresponde al signo de Tauro. Y su *sexta* puerta está situada todavía más al norte, que correspondiendo al signo de Géminis, concluye en el punto más al norte del cielo al que llega el sol, y a partir del que gira en el solsticio de verano, nuevamente para regresar en su curso hacia el sur.

"De ahí que las mismas puertas que corresponden a los seis signos mencionados en el paso del sol del solsticio de invierno al solsticio de verano, corresponden necesariamente a los seis signos restantes de los doce signos del Zodiaco en su recorrido de regreso".

"El giro del sol tanto en el solsticio de invierno como en el de verano, el primero en el punto más al sur, y el segundo en el punto más al norte de su recorrido, siempre debe haber llamado la atención de aquellos que contemplaron la variedad así como el esplendor de su aparición diaria. La astronomía del Enoc apócrifo posiblemente esté formada en este aspecto sobre los mismos principios que la astronomía de Homero, que coloca la situación de la isla *Συρίη, bajo el giro del sol,* δθι τροπαί ήελίοιο (Odisea, libro 15, 404)".

Los capítulos 83 al 84 contienen una visión de Enoc dando un pronóstico alegórico de la historia del mundo hasta el Reino del Mesías.

El capítulo 92 registra una serie de profecías que se extienden desde el tiempo de Enoc hasta unos mil años más adelante de nuestra generación actual. En el sistema de la cronología adoptada, un día representa cien años y una semana representa setecientos años. Se hace referencia al diluvio, a la llamada de Abraham, a la dispensa mosaica, a la construcción y destrucción del Templo de Salomón… eventos que precedieron la fecha en la que probablemente se escribiera el *Libro de Enoc*; pero cuando el autor, en su carácter de vidente inspirado por la divinidad, extiende su visión más allá del horizonte de su propia época, revela la vanidad de sus pretensiones predictivas, debido a profecías que permanecían sin cumplirse. Sin embargo, si el *Libro de Enoc* ha llegado a nosotros en el Occidente, así como también a través del Canon Etíope, los teólogos apologéticos indudablemente afirmarían que los siglos no son más que nimiedades en el tiempo profético; y que las predicciones del gran profeta antediluviano, tarde o temprano, llegarán a su cumplimiento milagroso.

Los capítulos 93 al 94 contienen los elocuentes exhortos de Enoc, dirigidos a sus hijos, en los que él sigue a Buda al recomendar el "Camino de la Justicia" y se anticipa a Jesús al pronunciar la condena de los pecadores y las alegrías de los santos, y expresa la seguridad más enfática de la inmortalidad que haya surgido de labios humanos: "No teman ustedes, almas de los justos; tengan esperanza ustedes que han muerto en la justicia. No se entristezcan si sus almas han descendido con dolor a la tumba; porque una gran alegría será de ustedes, igual que la de los ángeles en el cielo. Y cuando ustedes mueran, los pecadores dicen de ustedes: 'Tal como nosotros estamos muertos, los justos están muertos, ¿que provecho han sacado de sus obras? Al igual que nosotros ellos han muerto en la tristeza y en las tinieblas y ¿qué tienen de más que nosotros? Desde ahora somos iguales. ¿Qué se llevarán y qué verán en la eternidad? Porque he aquí que ellos han muerto también y desde ahora no verán la luz'. Pero, ahora les juro a ustedes, los justos,… que comprendo este misterio, que lo he leído en las tablillas del cielo, he visto el escrito de los santos y he encontrado lo que está escrito y registrado en ellos respecto a ustedes. He visto que todo bienestar, alegría y gloria están preparados para ustedes… Las almas de ustedes los que han muerto en la justicia vivirán y se alegrarán y su memoria no perecerá ante la presencia del Grande por todas las generaciones".[1] Qué impresión tan profunda debe haber producido necesariamente en la imaginación semita este lenguaje apasionado, expresado en una era de fe inspirada en sueños y visones celestiales por un supuesto visitante del mundo oculto, ¡que había conversado con ángeles en la presencia del Señor de los espíritus!

El capítulo final del *Libro de Enoc* registra el nacimiento de Noé, y las profecías adicionales de Enoc dirigidas a Matusalén sobre el tema del nacimiento de Noé y el diluvio futuro.

---

[1] Capítulo 102, 103.

Para atestiguar la relación entre el *Libro de Enoc* y el cristianismo, hemos ahora reunido su lenguaje e ideas en pasajes paralelos en las escrituras del Nuevo Testamento.

Enoc 64. 4. "Y una voz se hizo oír desde el cielo".

Mateo 3. 17. "Y hubo una voz de los cielos, que decía".

Enoc 6. 9. "Para los elegidos habrá luz, alegría y paz y heredarán la tierra".

Mateo 5. 5. "Felices los pacientes, porque recibirán la tierra en herencia".

Enoc 50. 2, 4, 5. 2. "Él elegirá de entre ellos a los justos y a los santos, porque se acerca el día de su salvación... y ellos se convertirán en ángeles en el cielo. El rostro de ellos resplandecerá de alegría... La tierra se regocijará; y los elegidos la poseerán".

Lucas 21. 28. "Tu redención está cerca".

Mateo 22. 30. "En la resurrección... sino serán como los ángeles de Dios en el cielo".

Mateo 13. 43. "Entonces los justos resplandecerán como el sol en el reino de su Padre".

Enoc 93. 7. "También aquellos que adquieren oro y plata, perecerán en forma justa y repentina. Desgracia para ustedes que son ricos, porque ustedes han confiado en sus riquezas; pero de sus riquezas serán despojados".

Santiago 5. 1. "Ahora, ustedes los ricos, lloren y aúllen por las miserias que les esperan".

Lucas 6. 24. "Mas ¡ay de ustedes, ricos! porque ya tienen su consuelo".

Enoc 96. 6, 7, 25. "Desgracia para ustedes, pecadores, que dicen: 'Somos ricos, poseemos la riqueza, y hemos adquirido todo lo que podemos desear.

Ahora haremos todo lo que estamos dispuestos a hacer; porque hemos acumulado plata; nuestros graneros están llenos'... Ellos perecerán súbitamente".

Lucas 12. Compara la parábola del rico cuyos graneros estaban llenos y se dijo: "Alma, muchos bienes tienes guardados para muchos años; repósate, come, bebe, regocíjate. Pero Dios le dijo: Necio, esta noche vienen a pedirte tu alma".

Enoc 105. 26. "Y a cada uno de ellos los colocaré en un trono de gloria, de gloria *peculiarmente* suya".

Mateo 19. 28. "Ustedes se sentarán sobre doce tronos, para juzgar a las doce tribus de Israel".

Enoc 62. 11. "En sus juicios, no le presenta sus respetos a las personas".

Enoc 38. 2. "¿Dónde estará la morada de los pecadores... quienes han renegado del Señor de los espíritus? Habría sido mejor para ellos no haber nacido".

Enoc 19. 2. "Para que hicieran sacrificios a demonios y a dioses".

Enoc 22. 10, 12. "Aquí sus almas se colocan aparte... por un abismo".

Enoc 39. 3, 4, 7. "Entonces una nube me pescó y me elevó... colocándome en los confines de los cielos. Allí tuve otra visión. Vi las habitaciones y los divanes de los santos... con los ángeles... bajo las alas del Señor de los espíritus. Todos los santos y los elegidos cantaban ante él, con una apariencia como el resplandor del fuego; sus bocas estaban llenas de bendiciones, y sus labios glorificaban el nombre del Señor de los espíritus".

Enoc 46. 2. "Éste es el Hijo del hombre... que revelará todos los tesoros de aquello que está oculto".

Romanos 2. 11. "Porque no hay respeto de personas para con Dios".

Mateo 26. 24. "¡Ay de aquel hombre por quien el Hijo del Hombre es entregado! Bueno le fuera a ese hombre no haber nacido".

1 Corintios 10. 20. "Antes digo que lo que los gentiles sacrifican, a los demonios lo sacrifican, y no a Dios".

Lucas 16. 26. (Abraham se dirige a Dives de la región de los benditos): "Una gran sima está puesta entre nosotros y ustedes".

2 Corintios 12. "Vendré a las visiones y a las revelaciones del Señor. Conozco a un hombre en Cristo... fue arrebatado hasta el tercer cielo..., si en el cuerpo, o fuera del cuerpo, no lo sé; Dios lo sabe. Que fue arrebatado al paraíso, donde oyó palabras inefables que no le es dado al hombre expresar".

Apocalipsis 19. 1 "Oí una gran voz de gran multitud en el cielo, que decía: ¡Aleluya! Salvación y honra y gloria y poder son del Señor Dios nuestro".

Colosenses 2. 3. "En quien están escondidos todos los tesoros de la sabiduría y del conocimiento".

Enoc 9. 3, 4. "Luego ellos le dijeron a su Señor, el Rey: Tú eres el Señor de señores, Dios de dioses, Rey de reyes. El trono de tu gloria es por los siglos de los siglos, y por los siglos de los siglos es santificado y glorificado tu nombre. Eres bendito y glorificado. Tú has creado todas las cosas; en ti reside el poder sobre todas las cosas; y todas las cosas se abren y se manifiestan ante ti. Tú lo ves todo y nada se te puede esconder".

Enoc 24. 11, 10. "Y bendije al Señor de la gloria, al Rey eterno, porque Él ha preparado este árbol para los santos, lo formó y declaró que Él se los daría... La dulce fragancia penetrará sus huesos; y ellos vivirán una larga vida en la tierra, así como han vivido tus ancestros; y en sus días no los afligirá ninguna pena, sufrimiento, dificultad ni castigo".

Enoc 85. 2. "Y vi que una sola estrella cayó del cielo".

Enoc 60. 13. "Todos los ángeles de poder".

Apocalipsis 17. 14. 19. 16. "Señor de señores y Rey de reyes".

Apocalipsis 4. 11. "Señor, digno eres de recibir la gloria y la honra y el poder; porque tú creaste todas las cosas, y por tu voluntad existen y fueron creadas".

Hebreos 4. 13. "Y no hay cosa creada que no sea manifiesta en su presencia; antes bien todas las cosas están desnudas y abiertas a los ojos de aquel a quien tenemos que dar cuenta".

Apocalipsis 22. 2. "A uno y otro lado del río, estaba el árbol de la vida, que produce doce frutos, dando cada mes su fruto; y las hojas del árbol eran para la sanidad de las naciones".

Apocalipsis 2. 7. "Al que venciere, le daré a comer del árbol de la vida, el cual está en medio del paraíso de Dios".

Apocalipsis 22. 14. "Bienaventurados los que cumplen con sus mandamientos, para tener derecho al árbol de la vida".

Apocalipsis 9. 1. "Vi una estrella que cayó del cielo a la tierra".

2 Tesalonicenses 1. "Los ángeles de su poder".

Enoc 10. 15, 16. "Y en la misma forma le dijo el Señor a Miguel: Ve y anuncia su crimen a Samyaza, y a todos los que están con él, que se unieron con mujeres... Encadénalos durante setenta generaciones debajo de la tierra, incluso hasta el día del juicio, y de la consumación, hasta el juicio, cuyo *efecto* tardará por siempre, para completarse. Entonces se les llevará a las mayores profundidades del fuego en las tormentas; y se les encerrará por siempre en confinamiento".

Enoc 21. 56. "Vi columnas de fuego luchando juntas hasta el fondo del abismo, y su descenso era profundo. Pero no pude descubrir ni sus dimensiones ni su magnitud... Uriel, uno de los santos ángeles... dijo, es la prisión de los ángeles; y aquí se les retiene por siempre".

Enoc 79. "En los días de los pecadores los años serán acortados... y todo lo que se haga en la tierra se alterará y desaparecerá en su temporada... En esos días los frutos de la tierra se retrasarán,... el cielo se quedará inmóvil. La luna cambiará sus leyes y no aparecerá en su periodo apropiado;... y todas las clases de las estrellas serán ocultadas a los pecadores".

Enoc 61. 9. "Y la preocupación se apoderará de ellos cuando vean a este Hijo de mujer sentarse sobre el trono de su gloria".

Judas 6. "Y a los ángeles que no guardaron su dignidad, sino que abandonaron su propia morada, los ha guardado bajo oscuridad, en prisiones eternas, para el juicio del gran día".

2 Pedro 2. 4. "Porque si Dios no perdonó a los ángeles que pecaron, sino que arrojándolos al infierno los entregó a prisiones de oscuridad, para ser reservados al juicio".

Apocalipsis 20. 10. "Y el diablo que los engañaba fue lanzado en el lago de fuego y azufre... y serán atormentados día y noche".

Apocalipsis 20. 1-3. "Y vi a un ángel que descendía del cielo, con la llave del abismo, y una gran cadena en la mano. Y prendió al diablo y... lo arrojó al abismo, lo encerró, y puso su sello sobre él".

Mateo 24. 7, 21, 22, 29, 30. "Habrá hambres, y terremotos en diferentes lugares... porque habrá entonces gran tribulación, cual no la ha habido desde el principio del mundo hasta ahora, ni la habrá. Y si aquellos días no fuesen acortados, nadie sería salvo... mas por causa de los escogidos, aquellos días serán acortados...E inmediatamente después de la tribulación de aquellos días, el sol se oscurecerá, y la luna no dará su resplandor, y las estrellas caerán del cielo... y entonces lamentarán todas las tribus de la tierra, y verán al Hijo del Hombre viniendo sobre las nubes del cielo, con poder y gran gloria".

Enoc 47. 3. "Él se sentaba en el trono de su gloria, *mientras* el libro de los vivos fue abierto en su presencia y *mientras* todas las huestes que estaban en lo alto de los cielos, estaban alrededor y ante él.

Enoc 50. "En esos días la tierra parirá de su matriz, y el infierno parirá de su matriz, aquello que ha recibido; y lo que debe la destrucción lo restaurará. Él elegirá de entre ellos a los justos y a los santos, porque se acerca el día de su salvación".

Enoc 54. "En ese tiempo la boca del infierno se abrirá, ahí serán engullidos; el infierno destruirá y se tragará a los pecadores en presencia de los elegidos".

Enoc 40. 1. "Después de eso vi a miles de miles y a miríadas de miríadas, y a un número infinito de personas que estaban ante el Señor de los espíritus".

Enoc 14. 3. "En ese día el Elegido se sentará sobre un trono de gloria; y escogerá las condiciones y las innumerables habitaciones de ellos".

Enoc 45. 4. "En ese día haré que mi Elegido habite entre ellos; transformaré la faz del cielo; lo bendeciré, y lo iluminaré por siempre. También transformaré la faz *de* la tierra; la bendeciré; y haré que mis elegidos la habiten".

Apocalipsis 20 11-13, 15. "Y vi un gran trono blanco y al que estaba sentado en él,… y vi a los muertos, grandes y pequeños, de pie ante el trono; y los libros fueron abiertos, y otro libro fue abierto, el cual es el libro de la vida; y fueron juzgados los muertos por las cosas que estaban escritas en los libros, según sus obras. Y el mar entregó los muertos que había en él; y la muerte y el Hades entregaron los muertos que había en ellos. …Y el que no se halló inscrito en el libro de la vida fue lanzado al lago de fuego."

Apocalipsis 5. 11. "Y miré, y oí la voz de muchos ángeles alrededor del trono,… y su número era diez mil veces diez mil, y millares de millares".

Mateo 25. 31, 32. "Entonces él se sentará en su trono de gloria, y serán reunidas delante de él todas las naciones; y él los apartará unos de los otros".

Juan 14. 2. "En la casa de mi Padre hay muchas moradas".

Apocalipsis 7. 15. "El que está sentado sobre el trono extenderá su tabernáculo sobre ellos".

2 Pedro 3. 13. "Pero nosotros esperamos, según sus promesas, cielos nuevos y tierra nueva, en los cuales mora la justicia".

Enoc 92. 17. "El cielo anterior se irá y desaparecerá; aparecerá un nuevo cielo".

Enoc 61. 4-9. "La palabra de su boca destruirá a todos los pecadores e impíos, que perecerán en su presencia... La preocupación vendrá sobre ellos, como a una mujer en un parto. Una parte de ellos se mirarán los unos a los otros; estarán asombrados y bajarán la mirada; y la preocupación se apoderará de ellos cuando vean a este Hijo de mujer sentarse sobre el trono de Su gloria".

Enoc 66. 5-8. "Vi ese valle en el que... se produjo un fuerte olor a azufre, que se mezcló con las aguas; y el valle de los ángeles, que habían sido culpables de la seducción, ardía bajo el suelo. A través de ese valle también fluían ríos de fuego, donde serán condenados esos ángeles, que sedujeron a los habitantes de la tierra".

Enoc 104. "Ahora señalaré un misterio: muchos pecadores alterarán y transgredirán contra la palabra de rectitud. Ellos dirán cosas malévolas; expresarán falsedades".

Apocalipsis 22. 1. "Vi un nuevo cielo y una nueva tierra, porque el primer cielo y la primera tierra desaparecieron".

2 Tesalonicenses 1. 9. "Los cuales sufrirán pena de eterna perdición, excluidos de la presencia del Señor y de la gloria de su poder".

1 Tesalonicenses 5. 3. "Entonces vendrá sobre ellos destrucción repentina, como los dolores a la mujer encinta, y no escaparán".

2 Tesalonicenses 2. 8. "Y entonces se manifestará aquel inicuo, a quien el Señor matará con el Espíritu de su boca".

Mateo 25. 31. "Cuando el Hijo del Hombre venga en su gloria, entonces se sentará en su trono de gloria".

Mateo 13. 42. "Y los echarán en el horno de fuego".

Mateo 25. 41. "Apartaos de mí, malditos, al fuego eterno preparado para el diablo y sus ángeles".

Apocalipsis 20. 10. "Y el diablo que los engañaba fue lanzado en el lago de fuego y azufre".

1 Timoteo 4. 1, 2. "El Espíritu dice claramente que en los postreros tiempos algunos apostatarán de la fe,... por la hipocresía de mentirosos".

Enoc 98. 1-7. "En ese lugar vi la fuente de la justicia, la cual era inagotable, y a su alrededor había muchas fuentes de sabiduría. Todos los sedientos bebían de ellas y se llenaban de sabiduría y habitaban con los justos, los elegidos y los santos".

Juan 4. 14. "Más el que bebiere del agua que yo le daré, no tendrá sed jamás; sino que el agua que yo le daré será en él una fuente de agua que salte para vida eterna".

Apocalipsis 21. 6. "Al que tuviere sed, yo le daré gratuitamente de la fuente del agua de la vida".

Enoc 48. "Él ha preservado el destino de los justos, porque ellos han odiado y despreciado a este mundo de injusticia y han odiado todas sus obras y caminos, en el nombre del Señor de los espíritus".

Gálatas 1. 4. "El cual se dio a sí mismo por nuestros pecados para librarnos del presente mundo malo, conforme a la voluntad de nuestro Dios y Padre".

1 Juan 2. 15. "No améis al mundo, ni las cosas que están en el mundo".

Enoc 2, 26. 2. "Miren que él viene con decenas de miles de sus santos, para ejecutar el juicio sobre todos y aniquilará a los impíos y castigará a todo lo carnal por todo lo que los pecaminosos y los malvados han hecho y han cometido en contra de él… los que con su boca pronuncian palabras indecorosas contra Dios y ofenden su gloria".

Judas 1. 14, 15. "De éstos también profetizó Enoc, séptimo desde Adán, diciendo: 'He aquí, vino el Señor con sus decenas de millares de santos, para hacer juicio contra todos, y dejar convictos a todos los impíos de todas sus obras impías que han hecho impíamente, y de todas las cosas duras que los pecadores impíos han hablado contra él'".

Las palabras entre corchetes, en la última cita del *Libro de Enoc*, establecen la identidad completa del libro con el pasaje paralelo de la Epístola de Judas, una identidad de maravillosa claridad cuando consideramos que la versión original llegó a nosotros a través de traducciones y más traducciones del arameo, griego y etíope, y ahora asume la forma moderna del anglo-sajón. El Arzobispo Laurence, aunque estaba convencido de que el apóstol citó la versión griega del manuscrito etíope existente, no estaba consciente de que la última oración de esta cita está presente en el texto. La hemos descubierto en el capítulo 26, 2 del *Libro de*

Enoc; y al perfeccionar de esta manera el paralelismo entre el profeta y el apóstol, hemos colocado eso más allá de la controversia, a los ojos del autor de una Epístola aceptada como revelación divina, que el *Libro de Enoc* fue la producción inspirada de un patriarca antediluviano.

La atención de los teólogos se ha concentrado en el pasaje de la Epístola de Judas porque el autor en forma específica nombra al profeta; pero la coincidencia acumulativa del lenguaje y las ideas en Enoc y los autores de las Escrituras del Nuevo Testamento, como se revela en los pasajes paralelos que hemos reunido, indica claramente que la obra del Milton semita era una fuente inagotable a partir de la cual los evangelistas y los apóstoles, o los hombres que escribieron sus nombres, tomaron prestadas sus concepciones de la resurrección, el juicio, la inmortalidad, la perdición y el reino universal de la justicia bajo el dominio eterno del Hijo del hombre. Este plagio evangélico culmina en la Revelación de Juan, que adapta las visiones de Enoc al cristianismo con modificaciones en las que extrañamos la sublime sencillez del gran maestro de la predicción apocalíptica, que profetizó a nombre del patriarca antediluviano.

Es importante observar que no era una práctica de los cristianos primitivos el escribir los nombres de los autores cuyos lenguajes e ideas que estos cristianos tomaban prestados. Por lo tanto, cuando detectamos las enseñanzas y la dicción de Enoc en los Evangelios y en las Epístolas, nuestras conclusiones son análogas a las de los teólogos ortodoxos que identifican los pasajes de las Escrituras en las páginas de los Padres ante-niceno, aunque citados con frecuencia en fuentes no nombradas, con una oscuridad de expresión más dudosa para atestiguar su origen, que la claridad notable en la que el lenguaje de Enoc puede reconocerse en el Nuevo Testamento. Los analistas bíblicos pueden cuestionar los rastros oscuros de la dicción en los Pa-

dres apostólicos; ¿pero qué investigador franco e imparcial puede dudar del origen enoquiano de el "Hijo del hombre que se
sienta en el trono de su gloria", el "nuevo cielo", la "nueva tierra"; las "muchas moradas" de los elegidos y "el fuego eterno
preparado para el diablo y sus ángeles"?

Hemos reunido algunos de los ejemplos más impactantes de
los pasajes paralelos en el *Libro de Enoc* y el Nuevo Testamento. Nuestros lectores pueden complementar nuestro trabajo mediante su propia investigación, como una testificación adicional
de la influencia y control ejercido por el autor no canónico sobre el lenguaje y las ideas de las obras canónicas.

Algunos teólogos ortodoxos, que no están dispuestos a admitir que un apóstol tomó citas de un libro apócrifo, sostienen
que Judas se refirió a una expresión tradicional del antiguo patriarca; pero esto obviamente es una teoría imaginativa que inevitablemente se desvanece en la presencia de los numerosos
pasajes del *Libro de Enoc*, que entran en la composición de las
Escrituras del Nuevo Testamento. Otros apologistas piadosos
afirman la autoría post-cristiana del Libro, una teoría que impli-
ca la suposición más improbable de que un autor, familiarizado
con la historia de un Mesías que padeció y fue crucificado, expresó predicciones ficticias a nombre de un profeta antiguo, que
describía la carrera del Hijo del hombre en la tierra, como la
marcha triunfal de un rey victorioso. De nuevo, los teólogos que
se resisten a admitir que el lenguaje y las ideas de los evangelistas y los apóstoles se anticiparon en un libro apócrifo, sugieren
que los pasajes mesiánicos contienen interpolaciones cristianas.
Pero si los defensores modernos de la fe acusan de esta manera
de falsificación literaria a los santos y mártires primitivos,
¿cómo pueden aceptar un Nuevo Testamento infalible a manos
de hombres que eran culpables de esta manera de conspirar para
engañar a la posteridad? Convencidos de la honestidad de los

cristianos primitivos, estamos de acuerdo con la opinión del Arzobispo Laurence, confirmada por Hoffman, que los pasajes en cuestión están entrelazados en forma tan íntima con el contexto general que no pueden ser removidos sin destruir evidentemente la textura de la totalidad.

Se han cuestionado los cálculos astronómicos en los que el Arzobispo Laurence basa su teoría de la residencia del autor del *Libro de Enoc*; pero una vez que se ha admitido su nacionalidad hebrea, no importa si lo escribió dentro o fuera de Palestina, con esta excepción, de que si la obra no fue llevada a Judea desde un país distante, la facilidad con la que fue aceptado en la localidad un libro escrito bajo un nombre ficticio de su composición reciente como si fuera una producción genuina de un profeta antediluviano, necesariamente alienta el escepticismo respecto a las fechas y la autoría de toda la literatura hebrea antigua. No puede decirse que la evidencia interna atestigua la superioridad del Antiguo Testamento respecto al *Libro de Enoc*; porque ningún profeta hebreo es más elocuente que el autor de ese libro para denunciar la injusticia, para alabar la justicia e invitar a todos los hombres a que coloquen una confianza implícita en la reivindicación final de la justicia Divina.

La evidencia interna indica la presencia de Tractos independientes en el *Libro de Enoc*, posiblemente compuestos por diferentes autores. De esta manera, los capítulos 64 al 67. 1 registran una visión del diluvio, narrado como si fuera Noé en lugar de Enoc, y se inserta en medio de otra visión con la que no tiene relación. Pero si el Pseudo-Enoc tomó prestado de escritores anteriores, la presencia del lenguaje y las ideas de toda sección de su obra en las páginas de las Escrituras del Nuevo Testamento inevitablemente indican que el *Libro* o *Libros de Enoc* existieron en su forma presente antes de la era cristiana.

Obviamente, el cristianismo toma prestados del *Libro de Enoc* los terrores del fuego eterno. Los evangelistas y los apóstoles definen la duración del castigo divino en eones de eones[1] (αἰ αἰώνεζ τών αἰώνων) o millones de millones de años, expresando la eternidad. Es cierto que la palabra eón puede usarse en el sentido de un tiempo finito, pero cuando los autores de las Escrituras del Nuevo Testamento hablan del fuego eónico (τό πύρ τό αἰώνου), obviamente querían decir las llamas eternas. La humanidad moderna, retirándose de una visión tan inmisericorde del castigo divino, sugiere que cuando los pecadores han sido torturados por eones de eones, pueden tener una esperanza del futuro. Es cuestionable si la desesperación final no sería preferible a esta forma de "esperanza diferida", pero si los creyentes modernos adoptan la teoría de la terminación del fuego eónico, esta conmutación de la sentencia se vuelve igualmente aplicable para el diablo y sus ángeles, cuyo castigo ha sido decretado por la misma duración que el de los pecadores humanos;[2] y de esta manera, los enemigos tradicionales de Dios y del hombre pueden esperar la alegre restauración de la hermandad con Gabriel, Miguel y Rafael, y la comunión con los santos, a quienes en una ocasión trataron de traicionar por medio de las artes infernales. Y como a los justos también sólo se les prometen sus recompensas en el cielo por eones de eones,[3] si estas palabras no significan la eternidad, los santos pueden temer, mientras que los pecadores pueden tener esperanza en las vicisitudes del futuro eónico. De nuevo, ya que el dominio del Mesías,[4] e in-

---

1   En *La evolución del cristianismo*, página 355, mencionamos que "la palabra griega αἰών (eón), que significa una era, una generación o un tiempo eterno", fue el título adoptado por Valentín para las emanaciones divinas.

2   Mateo 25, 41; Apocalipsis 20, 10.

3   Apocalipsis 22, 5.

4   Apocalipsis 11, 15.

cluso el poder de Dios,[1] se describen con una duración de eones, cualquier limitación del infinito en la terminología sagrada (eones de eones), pone en peligro la eternidad en la divinidad.

Los teólogos que tratan de reivindicar la clemencia divina a través del dudoso recurso de la sustitución eónica en lugar del castigo eterno, pasan por alto el hecho de que su teoría le asigna a la sabiduría divina la adopción de la tortura como el medio más efectivo para transformar a los pecadores en santos, una teoría que prácticamente nos invita a seguir el ejemplo divino, torturando a nuestros criminales para que se reformen. Es mucho más coherente para aquellos que no pueden reconciliar el fuego eterno con la misericordia infinita, dar un paso adicional en los caminos del escepticismo, rechazando la tortura eterna como la pesadilla de las visiones enoquianas; en lugar de asumir dicha revelación, se habla en un lenguaje tan ambiguo que los santos primitivos condenaban al fuego eterno a los bebés que no hubieran sido bautizados, ¡mientras que la piedad moderna incluso rescata de las flamas a los pecadores empedernidos! Si la terminología inspirada alentaba la ferocidad espiritual en tiempos de San Agustín, y fomenta la humanidad teológica en el siglo XIX, ¿cuál no podría ser la interpretación futura de las palabras, que ahora se supone que llevan un significado infalible a los estudiantes de las Escrituras?

El *Libro de Enoc* enseña la preexistencia del Hijo del Hombre, el Elegido, el Mesías, "que existió desde el principio en secreto",[2] y cuyo "nombre se invocó en la presencia del Señor de los espíritus, antes de que se crearan el sol y los signos".[3]

---

[1] Apocalipsis 7, 12.
[2] Capítulo 41, 10.
[3] Capítulo 48.

El autor también se refiere al "otro Poder que estaba en la tierra sobre el agua ese día",[1] una aparente referencia al lenguaje del Génesis 1, 2. Tenemos así al Señor de los espíritus, al Elegido, y a un tercer Poder, aparentemente presagiando la Trinidad del futuro; pero aunque el Mesías ideal de Enoc indudablemente ejercía una influencia importante en las concepciones primitivas de la Divinidad del Hijo del hombre, no identificamos su referencia oscura al otro "Poder" con el Trinitarianismo de la escuela alejandrina; más especialmente ya que en las visiones de Enoc abundan los "ángeles de poder".

Ese pasaje notable en el *Libro de Enoc*, que declara que los paganos "hacían sacrificios a los demonios como a los dioses",[2] es la fuente obvia de esa superstición a través de la cual el cristianismo primitivo vio en las deidades olímpicas, no sólo a los fantasmas de la imaginación del hombre, sino a los ángeles caídos quienes, expulsados del cielo, buscaban una compensación en el dominio espiritual de la tierra…, una superstición confirmada en forma adicional por la creencia universal en los milagros, realizados no sólo por el Poder Supremo, sino por los poderes subordinados, ya fueran buenos o malos.

Hasta este punto aprendimos que el *Libro de Enoc* fue publicado antes de la era cristiana por algún gran desconocido de raza semita, que creyéndose inspirado en una era post-profética, tomó prestado el nombre de un patriarca antediluviano para autentificar su propio pronóstico entusiasta del reino mesiánico. Y ya que el contenido de este libro entró libremente en la composición del Nuevo Testamento, se concluye que si el autor no fue un profeta inspirado, que predijo la enseñanza del cristianismo, fue un entusiasta visionario cuyas ilusiones fueron aceptadas

---

[1] Capítulo 40.
[2] Capítulo 19, 2.

por los evangelistas y apóstoles como una revelación; conclusiones alternas que implican el origen divino o humano del cristianismo. Puede decirse que si el autor del *Libro de Enoc* no fue el patriarca en cuyo nombre él escribió, ¿no es obvio que se trata de un impostor? Al tratar la adivinación hebrea en *La evolución del cristianismo*, nos referimos a los oráculos de Urim y a las predicciones de los Profetas. Sin embargo, había una tercera forma de adivinación conocida como Bath Kol, o la Hija de la Voz, a través de la cual los israelitas consultaban a la deidad aceptando algún signo preconcebido que atestiguaba la aprobación divina de la acción que se está considerando. Se dice que este método de adivinación artificial (τεχνική) siguió a la revelación de los profetas, pero los israelitas lo practicaron en un periodo mucho anterior de su historia. Así, el sirviente de Abraham predeterminó el signo a través del que reconocería a la futura esposa de Isaac, escogida en forma divina; y Jonathan, el hijo de Saúl, predeterminó el presagio verbal a través del cual los israelitas podrían saber que Jehová había hecho que los filisteos cayeran en sus manos.

La práctica del Bath Kol indudablemente era algo con lo que el autor semita del *Libro de Enoc* estaba familiarizado; por lo tanto, no lo condenemos como un impostor, sabiendo que a través de un sincronismo accidental de algún signo predeterminado, él puede haber personificado a Enoc, con la convicción consciente de que él piadosamente estaba cumpliendo la voluntad de la deidad.

La muerte reciente del Dr. Pusey hace recordar el hecho de que el traductor erudito del *Libro de Enoc* era su predecesor como profesor de hebreo en la Universidad de Oxford. Los amigos y admiradores del eminente teólogo, que fue uno de los autores del Movimiento Tractariano, propusieron que se fundara una biblioteca memorial en su honor, con "dos o más clérigos, que actuarían como bibliotecarios, y promoverían *en cualquier forma* los intereses del estudio teológico y la vida religiosa dentro de la Universidad"... un programa que parece inaugurar el reino de la investigación original dentro de los dominios de la teología eclesiástica. Pero si como nos informan los promotores de la donación propuesta, el Dr. Pusey fue sobre todas las cosas "un apologista cristiano, un propulsor y un campeón de la Iglesia de dieciocho siglos", ¿cómo pueden los discípulos, que lo vieron como el "gran pilar que en una ocasión apoyó los destinos de la Iglesia de Inglaterra", alentar la libertad de investigación, en su honor, lo que puede resultar en conclusiones adversas a la fe eclesiástica en la que su maestro vivió y murió?

Teólogos eminentes nos dicen que los "bibliotecarios futuros" deberían ser estudiantes de teología (la reina de las ciencias), entre los que el Dr. Pusey tuvo una posición de primer nivel, y que sin embargo, él fue un promotor entusiasta de "un movimiento que plasmó las verdades incluidas hace muchos años en los formularios de la Iglesia". ¿Pero cómo puede insertarse la teología entre las ciencias si sus profesores razonan con cadenas eclesiásticas? Bien podría un astrónomo moderno exigir el asentimiento de sus alumnos a la teoría medieval de la inmovilidad de la tierra, antes de proseguir con la investigación de las leyes del sistema solar; de esta manera, indudablemente la mayoría de los teólogos buscaría la verdad divina, ponderada con una herencia de antiguas conclusiones que son adversas a admitir hechos no ortodoxos.

Todos podemos entender el deseo de sus discípulos por honrar la memoria del apóstol tractariano, de muchas virtudes, en quienes ellos ven un "gran hombre, elevado por Dios todopoderoso para vivir y trabajar por Su Iglesia", pero los hombres que asumen esta opinión trascendental de un movimiento, en el que otros simplemente ven progreso en el camino a Roma, difícilmente pueden considerar los derechos prescriptivos de los dogmas primitivos o medievales, en ese estado de ánimo imparcial que los teólogos deben alcanzar antes de que la teología se convierta en la "Reina de las Ciencias".

El Arzobispo Laurence fue un trabajador industrioso en el laboratorio científico de la teología, cuando tradujo el manuscrito bodleiano del *Libro de Enoc*, y de esta manera inconscientemente colocó en nuestras manos la llave etíope a "la evolución del cristianismo". Les corresponde a las generaciones futuras determinar si sus esfuerzos, o los de su sucesor en la cátedra semita de Oxford, demostrarán conducir más a la ilustración religiosa de la posteridad.

Los paleontólogos que comparan los fósiles orgánicos de épocas específicas en el tiempo geológico, y descubren en las formaciones más recientes organismos parcialmente divergentes en estructura respecto a las formas preexistentes, atribuyen la variación no a milagros creativos, sino a la acción continua de las causas naturales que dan forma a las especies, a través de las eras, en armonía con la ley natural de la "Supervivencia del más apto". También, habiendo identificado los fósiles similares de las épocas enoquiana y evangélica, en forma inevitable inferimos que las versiones modificadas de las ideas preexistentes son rastreables, no a fuentes milagrosas, sino a fuentes naturales…, conclusiones que inauguran la ciencia de la paleontología teológica e invitan a todos los viajeros eruditos a que sigan el ejemplo de Bruce, buscando en el mundo antiguos manuscritos que pueden revelar el simple origen humano de dogmas y misterios, que ahora se aceptan como divinos.

El Arzobispo Laurence, cuando era profesor de hebreo en la Universidad de Oxford, tradujo el *Libro de Enoc* dentro de los muros de la Biblioteca Bodleiana y cuando el Reverendo I. M.

Butt lo instó en 1827 a que publicara el original etíope, respondió: "No puedo hacerlo, ya que el manuscrito no es de mi propiedad, sino que pertenece a la Universidad de Oxford". En su prefacio a la tercera edición de su traducción, el Arzobispo agrega: "Si la Universidad de Oxford consintiera a la solicitud del mundo literario de publicar el original etíope a partir del manuscrito que tiene en su posesión, estoy convencido de que los eruditos etíopes no carecerían de recursos para lograr más que lo que se ha hecho hasta el momento por este libro por el que ha habido lamentaciones desde hace mucho tiempo, después de dormir durante eras". A partir de que se escribieran estas palabras, se ha logrado un gran progreso en el estudio de la filología comparativa, y ahora indudablemente hay muchos lingüistas eminentes en Inglaterra y en Estados Unidos, que todavía podrían iluminar las páginas del *Libro de Enoc*, a través de una crítica cooperativa del texto etíope. Por lo tanto, ¿no es tiempo de que la Universidad de Oxford publique el manuscrito original que tiene en su posesión, de manera que los eruditos judíos y gentiles puedan estudiar las predicciones inspiradas de un gran profeta hebreo, o admirar las sublimes imágenes del Milton semita que ascendió a los cielos para dramatizar a la divinidad?

En la era del Renacimiento, cuando el pensamiento emancipado cambio de Aristóteles a Platón se dice que el Cardenal Bellarmine le recomendó al Papa Clemente VIII que desaprobara una filosofía que se aproximara tanto a las verdades del evangelio… significando obviamente que no sería adecuado que la Iglesia favoreciera un sistema simplemente humano que anticipara la teosofía trinitaria de la supuesta revelación; ¿no es posible que el retraso adicional para presentarle al mundo el texto etíope de Enoc, le pueda sugerir a los críticos adversos de que Oxford descuida al patriarca hebreo por la misma razón que Roma descuidó al filosofo ateniense?

Ahora sin embargo, la traducción del Arzobispo Laurence coloca al *Libro de Enoc* dentro del alcance de todos los lectores ingleses. Los católicos pueden descuidar su contenido, ya que este libro no se encuentra en el Canon sagrado de su Iglesia infalible; pero los protestantes que siguen los principios de la Reforma y cuya dominio del cristianismo por lo tanto depende del llamado a la razón, inevitablemente deben incluir a Enoc entre los profetas, o reconsiderar el aspecto sobrenatural en el cristianismo.

Es importante para los lectores del *Libro de Enoc* recordar que a la Reforma le debemos el estudio independiente de la literatura sagrada, retirado previamente de la gente por el olvido de las lenguas muertas y no traducidas. El *Libro de Enoc* descuidado desde hace mucho tiempo ahora se encuentra en una relación análoga con los buscadores modernos de la verdad religiosa; y les corresponde a sus lectores ejercer el derecho del juicio privado al que el protestantismo le debe su existencia, al considerar imparcialmente las modificaciones inevitables de la fe involucradas en el descubrimiento, que el lenguaje y las ideas de la supuesta revelación se encuentran en una obra preexistente, aceptada como inspirada por los evangelistas y los apóstoles, pero clasificada por los teólogos modernos entre las obras apócrifas.

[Al revisar las pruebas de impresión del *Libro de Enoc*, hemos quedado todavía más impresionados acerca de la relación con las Escrituras del Nuevo Testamento. De esta forma, la parábola de las ovejas, que el buen Pastor rescata de guardianes mercenarios y lobos feroces, obviamente la tomó prestada el cuarto evangelista, del capítulo 89 de Enoc, en el que el autor presenta a los pastores matando y destruyendo a las ovejas antes de la llegada de su Señor y revela de esta forma el significado verdadero del pasaje hasta el momento misterioso en la parábo-

la de Juan: "Todos los que antes llegaron a mí eran pillos y la-
drones", un lenguaje en el que ahora detectamos una referencia
evidente a los pastores alegóricos de Enoc.]

El *Libro de Enoc*

Capítulo 1

1. La palabra de bendición con la que bendijo Enoc a los elegidos y a los justos, que vivirán en el día de la tribulación; cuando serán rechazados[1] todos los malvados e impíos. Enoc, un hombre justo, que *estuvo* con Dios, respondió y habló, mientras sus ojos estaban abiertos y *mientras* le fue revelada una visión santa en los cielos.[2] Esto me lo mostraron los ángeles.

2. De ellos escuché todas las cosas y comprendí lo que vi; que no ocurrirá en esta generación, sino en una generación lejana que está por venir en un periodo distante, a favor de los elegidos.

3. Es acerca de los elegidos que hablé y converse con él, vendrá desde su morada, el Santo y Poderoso, el Dios del mundo:

4. Aquel que andará de aquí en adelante sobre el Monte Sinaí; que aparecerá con su gran ejército y surgirá en la fuerza de su poder desde lo alto de los cielos.

5. Todos tendrán miedo, y los Vigilantes estarán aterrados.

---

[1] *serán rechazados.* Nótese bien. Las palabras en cursivas en el texto proporcionan las palabras de la elipsis (omisión de palabras). En las notas, se usan para marcar el sentido literal.

[2] *que* estaba *en los cielos.*

6. Un gran miedo y temblor se apoderará de ellos, incluso hasta los confines de la tierra. Las altas montañas se resquebrajarán y derrumbarán y las colinas se rebajarán y fundirán, como un panal ante la llama. La tierra se hundirá y perecerán todas las cosas que están en ella; y habrá un juicio sobre todos, incluso sobre los justos:

7. Pero con los justos él hará la paz: él protegerá a los elegidos y sobre ellos recaerá la clemencia.

8. Entonces, todos ellos le pertenecerán a Dios; serán dichosos y benditos; y el esplendor de Dios los iluminará.

Capítulo 2

Miren que él viene con decenas de miles de sus santos, para ejecutar el juicio sobre todos y aniquilará a los impíos y castigará a todo lo carnal[1] por todo lo que los pecaminosos y los malvados han hecho y han cometido en contra de él.[2]

Capítulo 3

1. Todos los que están en los cielos saben qué se realiza[3] *ahí*.

2. *Ellos saben* que las luminarias del cielo no cambian su ruta; cada una nace y se pone con regularidad, todas en su propio periodo, sin transgredir las órdenes *que han recibido*. Ellos ven la tierra y comprenden lo que se realiza ahí, desde el principio hasta el fin.

3. *Ellos ven* que todas las obras de Dios son invariables en el periodo de su aparición. Ven el verano y el invierno: *percibiendo* que la tierra entera se llena de agua, y que las nubes, el rocío y la lluvia la refrescan.

---

[1] *de la carne.*

[2] citado por San Judas, versículos 14, 15.

[3] *la obra.*

Capítulo 4

Ellos observan y miran a todos los árboles, cómo todos parecen secarse y se cae todo su follaje, excepto en catorce árboles cuyo follaje permanece y esperan con todas sus hojas viejas hasta que vengan *hojas* nuevas tras dos o tres inviernos.

Capítulo 5

Y otra vez ellos ven los días del verano, que el sol llega desde su principio; mientras buscas sombra y refugio del ardor del sol, mientras el calor ardiente quemaba la tierra y tú no encuentras la forma de marchar ni por el suelo ni por las rocas, a causa del calor.

Capítulo 6

1. Ellos ven la forma en la que los árboles despuntan las hojas verdes, y los cubren y producen frutos; comprenden todo y saben que Aquel que vive eternamente, ha hecho todas esas cosas para ustedes.
2. *Que* todas sus obras al principio de cada año existente, que todas sus obras, le obedecen sin alteraciones y todo pasa como Dios lo ha establecido, de manera que sucedan todas las cosas.
3. Ellos también ven la forma en la que los mares y los ríos cumplen con sus tareas respectivas.
4. *Pero* ustedes no resisten pacientemente, ni cumplen los mandamientos del Señor; sino que con boca impura transgreden y ultrajan *su* grandeza con palabras altaneras e hirientes en contra de su Majestad.
5. Ustedes, duros de corazón, ¡no habrá paz para ustedes!

6. Por ello ustedes maldecirán sus días, y los años de su vida se perderán; la maldición perpetua se multiplicará y no habrá misericordia ni paz para ustedes.

7. En esos días, ustedes renunciarán a su paz, con la maldición eterna para todos los justos, y los pecadores los maldecirán a ustedes por la perpetuidad;

8. *Los maldecirán* a ustedes con los impíos.

9. Para los elegidos habrá luz, alegría y paz y heredarán la tierra.

10. Pero para ustedes, los impíos, habrá maldición.

11. Entonces la sabiduría se dará a los elegidos y vivirán todos, y no pecarán más ni por impiedad ni por orgullo, sino que se humillarán, mostrando prudencia y no repetirán la transgresión.

12. No serán condenados por el resto de su vida, ni morirán por el tormento o por la indignación; sino que completarán el número de sus días[1] y llegarán a la ancianidad en paz; mientras que los años de su felicidad se multiplicarán con alegría y con paz por siempre, por toda la duración de su existencia.

Capítulo 7 [Sección 2[2]]

1. [3]Así sucedió, que cuando en aquellos días se multiplicaron los hijos de los hombres, les nacieron hijas hermosas y bonitas.

2. Y cuando los ángeles, los hijos del cielo las vieron, se enamoraron de ellas y se dijeron unos a otros: Vayamos y escojamos mujeres de entre las hijas de los hombres y engendremos hijos.

---

[1] *los días de su vida.*
[2] *Sección* 2. Manuscrito de París. Transcrito por Woide.
[3] Los primeros dos extractos del griego hechos por Sincelo, comienzan aquí y terminan con el versículo 15 del capítulo 10.

3. Entonces su líder Samyaza que era su jefe, les dijo: Temo que ustedes no estén dispuestos a cumplir con esta acción;

4. Y sea yo el único que sufra por un crimen tan grave.

5. Pero ellos le respondieron y dijeron: Todos juramos;

6. Y nos comprometemos por mutuas execraciones[1] a no cambiar nuestra intención, sino a realizar nuestra actividad que proyectamos.

7. Entonces todos juraron unidos y se comprometieron al respecto los unos con los otros, por mutuas execraciones. Y eran en total doscientos los que descendieron en Ardis, que es la cima del Monte Hermón.

8. Por lo tanto, esa montaña se llamó[2] Hermón, porque sobre él habían jurado y se habían comprometido por execraciones mutuas.

9. Éstos son los nombres de sus jefes: Samyaza, quien era el líder, Urakabarameel, Akibeel, Tamiel, Ramuel, Danel, Askeel, Saraknyal, Asael, Armers, Batraal, Anane, Zavebe, Samsaveel, Ertael, Turel, Yomyael, Arazyal. Éstos era los prefectos de los doscientos ángeles y el resto estaba en su totalidad con ellos.

10. Luego tomaron esposas, escogiendo cada uno para sí, a las que ellos se aproximaron y con las que cohabitaron; y les enseñaron la brujería, la magia y la división de raíces y de árboles.

11. [3]Y las mujeres quedaron embarazadas[4] y parieron gigantes,

---

[1] condenas. N. de. T.

[2] *ellos la llamaron.*

[3] Este y los siguientes versículos de este capítulo, a saber, 11, 12, 13, 14, 15, parecen pertenecer al siguiente capítulo, y posiblemente deberían insertarse entre el versículo 8 y 9 de ese capítulo. Tal parece ser la situación en el fragmento griego citado por Sincelo.

[4] *de ellos.*

12. De unos trescientos codos de altura. Ellos devoraban el trabajo *que* todos los hombres *producían;* hasta que fue imposible alimentarlos;

13. Entonces, los gigantes se volvieron contra los hombres, para devorarlos;

14. Y empezaron a dañar a los pájaros, a las bestias, a los reptiles y a los peces, a comer su carne una tras otra y a beber su sangre.

15. Entonces la tierra reprendió a los impíos.

Capítulo 8

1. Más aún Azazyel enseñó a los hombres a fabricar espadas, cuchillos, escudos, corazas, la fabricación de espejos,[1] la elaboración de brazaletes y ornamentos, el uso de pintura, el embellecimiento de las cejas, *el uso de* piedras preciosas y selectas, y de todo tipo de tintes, de manera que el mundo se alteró.

2. La impiedad aumentó; la fornicación se multiplicó; y ellos cometieron transgresiones y se corrompieron en todas las formas.

3. Amazarak les enseñó a todos los hechiceros y a los que cortaban raíces;

4. Armers *enseñó* la solución de los hechizos;

5. Barkayal les *enseñó* a los observadores de las estrellas;

6. Akibeel *enseñó* los signos;

7. Tamiel enseñó astronomía;

8. Y Asaradel enseñó el movimiento de la luna.

9. Y los hombres, al ser aniquilados, gritaron; y su voz llegó hasta el cielo.

---

[1] *que hacían que se viera lo que había detrás de ellos.*

Capítulo 9

1. Entonces Miguel y Gabriel, Rafael, Sariel y Uriel, miraron hacia abajo desde el cielo, y vieron la cantidad de sangre que se derramó sobre la tierra y toda la injustica que se había hecho sobre ella, y se dijeron el uno al otro: *Esa es* la voz de sus gritos;

2. La tierra privada *de sus hijos* ha gritado hasta la puerta del cielo.

3. Y ahora con ustedes, O ustedes, los santos del cielo, se quejan las almas de los hombres, diciendo: Obtengan justicia para nosotros con[1] el Altísimo. Luego ellos le dijeron a su Señor, el Rey, *Tú eres* el Señor de señores, Dios de dioses, Rey de reyes. El trono de tu gloria es por los siglos de los siglos, y por los siglos de los siglos es santificado y glorificado tu nombre. Eres bendito y glorificado.

4. Tú has creado todas las cosas; en ti reside el poder sobre todas las cosas; y todas las cosas se abren y se manifiestan ante ti. Tú lo ves todo y nada se te puede esconder.

5. Tú has visto lo que ha hecho Azazyel, cómo ha enseñado toda clase de injusticia sobre la tierra y ha revelado al mundo todas las cosas secretas que se realizan en los cielos.

6. Samyaza también ha enseñado hechicería, al que tú habías dado la facultad de gobernar sobre sus compañeros. Ellos han ido hacia las hijas de los hombres; se han acostado con ellas y se han profanado a sí mismos;

7. Y a ellas les han puesto al descubierto crímenes.

8. Asimismo, las mujeres han parido gigantes.

9. De esta manera, toda la tierra se ha llenado de sangre e injusticia.

---

[1] *Obtengan juicio para nosotros del.*

10. Y ahora mira que gritan las almas de los que han muerto.

11. Y se lamentan hasta la puerta del cielo.

12. Su gemido asciende; y ellos no pueden escapar de la injusticia que se comete en la tierra. Tú conoces todas las cosas antes de que sucedan.

13. Tú conoces estas cosas y lo que se ha hecho con ellas; sin embargo, tú no nos hablas.

14. ¿Qué debemos hacerles a causa de estas cosas?

Capítulo 10

1. Entonces el Altísimo, el Grande y Santo habló,

2. Y envió a Arsayalalyur al hijo de Lamec.

3. Y le dijo: Dile en mi nombre: Escóndete.

4. Y revélale la consumación que viene; pues la tierra entera va a perecer; las aguas de un diluvio cubrirán toda la tierra y todo lo que se encuentre sobre ella será destruido.

5. En seguida enséñale la forma en la que puede escapar y la forma en la que su simiente pueda permanecer en toda la tierra.

6. De nuevo, el Señor le dijo a Rafael: Encadena a Azazyel de pies y manos; arrójalo en las tinieblas; abre el desierto que está en Dudael y arrójalo ahí;

7. Lanza sobre él piedras ásperas y cortantes, cúbrelo de tinieblas;

8. Déjalo allí eternamente; cubre su rostro para que no pueda ver la luz,

9. Y en el gran día del juicio que sea arrojado al fuego.

10. Sana la tierra que los ángeles han corrompido; y anúnciale la vida, que yo la puedo revivir.

11. Todos los hijos de los hombres no perecerán a consecuencia de todos los secretos, mediante los cuales los Vigilantes han destruido, y *que* ellos han enseñado a sus hijos.

12. Toda la tierra ha sido corrompida por los efectos de la enseñanza[1] de Azazyel. Por lo tanto a él impútale todo crimen.

13. El Señor también le dijo a Gabriel: Procede contra los que muerden, los réprobos, los hijos de la fornicación; y destruye a los hijos de la fornicación, los hijos de los Vigilantes, de entre los hombres y ponlos al descubierto e incítalos[2] uno contra otro. Hazlos que perezcan por una matanza *mutua;* pues no habrá para ellos muchos días.

14. Ellos te suplicarán, pero no se concederán *las peticiones* de sus padres respecto a ellos; pues esperan vivir una vida eterna y que ellos, cada uno de ellos, viva quinientos años.

15. Y en la misma forma le dijo el Señor a Miguel: Ve y anuncia *su crimen* a Samyaza, y a todos los que están con él, que se unieron con mujeres; que posiblemente se contaminaron con ellas en su impureza. Y cuando todos sus hijos hayan sido asesinados, cuando vean la perdición de sus bien amados, encadénalos durante setenta generaciones debajo de la tierra, incluso hasta el día del juicio, y de la consumación, hasta el juicio, cuyo *efecto* tardará por siempre, para completarse.[3]

16. Entonces se les llevará a las mayores profundidades del fuego en las tormentas; y se les encerrará por siempre en confinamiento.

17. Inmediatamente después de esto, él junto con ellos, se quemarán y perecerán; ellos estarán encadenados hasta la consumación de muchas generaciones.

18. Destruye todas las almas adictas al coqueteo, y a los hijos de los Vigilantes, porque ellos han tiranizado a la humanidad.

---

[1] *por la enseñanza de la obra de Azazyel.*
[2] *envíalos.*
[3] Aquí terminan los primeros dos extractos hechos por Sincelo.

19. Que todo opresor perezca de la faz de la tierra;

20. Que se destruya toda obra de impiedad;

21. La planta de la justicia y de la rectitud aparecerá, y sus frutos[1] se convertirán en una bendición.

22. La justicia y la rectitud se plantarán por siempre con alegría.

23. Y entonces todos los santos agradecerán y vivirán hasta que hayan engendrado mil *hijos,* mientras que todos los días de su juventud y sus días de descanso se completarán en paz. En esos días toda la tierra se cultivará en justicia; y toda ella será plantada de árboles y se llenará de bendición; todo árbol de deleite se plantará en ella.

24. En ella se plantarán viñas; y la viña que se plante en ella dará frutos hasta la saciedad; cada semilla, que se siembre en ella, producirá mil medidas por una; y una medida de aceitunas producirá diez lagares[2] de aceite.

25. Purifica tú la tierra de toda opresión, de toda injusticia, de todo crimen, de toda impiedad y de toda maldad que ocurre en ella. Hazles desaparecer de la tierra.

26. Entonces todos los hijos de los hombres llegarán a ser justos y todas las naciones me brindarán honores divinos, y me bendecirán; y todos me adorarán.

27. La tierra estará limpia de toda corrupción, de todo crimen, de todo castigo, y de todo sufrimiento; y yo no enviaré un diluvio sobre la tierra, de generación en generación por siempre.

28. En esos días abriré los tesoros de bendición que están en el cielo, para hacerlos descender sobre la tierra, sobre las obras y el trabajo de los hombres.

---

[1] *y la obra de la justicia y la rectitud.*

[2] Sitio donde se prensan las aceitunas para la obtención del aceite. N. de T.

29. La paz y la equidad estarán unidas con los hijos de los hombres todos los días del mundo y por todas las generaciones.

(No hay Capítulo 11[1])
Capítulo 12 [Sección 3[2]]

1. Ante esos sucesos Enoc había sido ocultado; y no había ningún hijo de los hombres que supiera dónde fue escondido, dónde había estado él ni qué le sucedió.
2. En sus días, él estuvo totalmente involucrado con los santos y con los Vigilantes.
3. Yo, Enoc, estaba bendiciendo al gran Señor y al Rey de la paz.
4. Y he aquí que los Vigilantes me llamaron Enoc, el escriba.
5. Entonces *el Señor* me dijo: Enoc, escribe acerca de la justicia, ve a decirles a los Vigilantes del cielo, que han abandonado las alturas del cielo, y su eterno lugar santo, *que* se han contaminado con las mujeres.
6. Y han actuado como lo hacen los hijos de los hombres, tomando mujeres para sí y *que* han forjado una gran corrupción sobre la tierra;
7. Y hazles saber que no habrá para ellos paz ni redención de su pecado. Porque ellos no gozarán a causa de sus hijos; ellos verán la matanza de sus bien amados; lamentarán la destrucción de sus hijos; y suplicarán eternamente; pero no habrá para ellos misericordia ni paz.

---

[1] El Manuscrito de París hace que los dos últimos versículos del capítulo anterior, sean el capítulo 11.

[2] Manuscrito de París.

Capítulo 13

1. Luego, Enoc se fue y le dijo a Azazyel: No habrá paz para ti. Contra ti ha sido pronunciada una gran sentencia. Él te encadenará;

2. No habrá para ti alivio, misericordia ni intercesión, debido a la opresión que has enseñado;

3. Y debido a todos los actos de blasfemia, tiranía y pecado, que has enseñado a los hijos de los hombres.

4. Luego, apartándome *de él* les hablé a todos ellos que estaban juntos;

5. Y todos se aterraron y temblaron.

6. Me rogaron que escribiera para ellos una petición de súplica para que ellos pudieran obtener el perdón; y que yo hiciera que la petición de su súplica se elevara a la presencia del Dios del cielo; porque desde entonces ellos no podían dirigirse a él, ni levantar sus ojos al cielo, debido a la vergüenza por los crímenes por los cuales fueron juzgados.

7. Entonces escribí una petición de su súplica y ruego por sus almas, por todo lo que ellos habían cometido y por lo que suplicaban todos, para que pudieran obtener una reducción del castigo y descanso.

8. Procedí, continuando sobre las aguas del Danbadan, que está a la derecha en el lado occidental de Hermón, y estuve leyendo la petición de su oración, hasta que me dormí.

9. Y he aquí que un sueño llegó a mí, y aparecieron visiones por encima de mí. Caí y vi una visión de castigo, para que pudiera relatársela a los hijos del cielo, y reprenderlos. Cuando desperté fui a ellos. Todos estaban reunidos juntos y sentados llorando, en Oubelseyael que está entre el Líbano y Senir, con los rostros cubiertos.

10. Y conté delante de ellos todas las visiones que había visto y mi sueño.

11. Y me puse a hablar con palabras de justicia y a reprender a los Vigilantes del cielo.

Capítulo 14

1. Éste es el libro de las palabras de justicia y de la reprensión de los Vigilantes, que pertenecen al mundo, según lo que Él, que es santo y grande, ordenó en la visión. Percibí en mi sueño, que yo ahora estaba hablando con una lengua de carne, con el aliento de mi boca, que el Poderoso ha puesto en la boca de los hombres, para que puedan hablar con ella.

2. Y comprender con el corazón. Así como él ha creado y les ha dado a los hombres *el poder de* captar la palabra de la comprensión, así me ha creado y me ha dado *el poder* para que reprenda a los Vigilantes, a los hijos del cielo. Vigilantes: yo escribí su petición y en mi visión se me reveló que su petición no será concedida mientras el mundo perdure.[1]

3. Se pasó la sentencia sobre ustedes: *su petición* no se les concederá.

4. A partir de ahora, nunca ascenderán al cielo; Él dijo, que en la tierra Él los encadenará, mientras el mundo perdure.

5. Pero antes que esto, ustedes verán la destrucción de sus hijos queridos; ustedes no los tendrán en su posesión, sino que caerán ante ustedes por la espada.

6. Ustedes no suplicarán por ellos, ni por ustedes mismos.

7. Pero ustedes llorarán y suplicarán en silencio. Las palabras del libro que escribí.

8. Esto me fue revelado en una visión.

---

[1] *en todos los días del mundo.*

9. He aquí que en *esa* visión las nubes y una neblina me llamaban;[1] estrellas agitadas[2] y la luz de los relámpagos me apremiaban y me impulsaban hacia adelante, mientras que los vientos en mi visión me asistían en mi vuelo, acelerando mi progreso.[3]

10. Ellos me llevaron al cielo. Continué hasta llegar a un muro construido con piedras de cristal.[4] Una flama vibrante[5] lo rodeaba, lo que comenzó a aterrorizarme.

11. Entré a esta flama vibrante;

12. Y me aproximé a una habitación espaciosa construida con piedras de cristal. También sus paredes, así como el pavimento, estaban *formados* con piedras de cristal, al igual que el suelo. Su techo tenía la apariencia de estrellas agitadas[6] y las luces de los relámpagos; y entre ellos estaban los querubines de fuego en un cielo tormentoso.[7] Una flama estaba encendida alrededor de sus muros y su portal resplandecía con fuego. Cuando entré a esta morada, era caliente como fuego y fría como hielo. No había en ella *rastro* de los placeres o de la vida. El terror me agobió y el temblor por el miedo se apoderó de mí.

13. Tiritando y temblando con violencia, caí sobre mi rostro. En la visión miré,

14. Y he aquí que vi otra habitación más espaciosa que *la anterior*, toda puerta estaba abierta delante de mí, erigida en *medio de* una flama vibrante.

---

[1] *las nubes me llamaban y una neblina me llamaba.*
[2] *el movimiento de las estrellas.*
[3] *haciendo que me apresurara.*
[4] *granizo, cristal.*
[5] *una lengua de fuego.*
[6] *el curso de estrellas.*
[7] *y sus cielos (es decir, cuyos cielos) eran agua.*

15. Toda ella era superior a la otra en todos los aspectos, en gloria, en magnificencia y en magnitud, que es imposible describirles su esplendor o su magnitud.

16. Su piso era de fuego; su parte superior era de relámpagos y estrellas agitadas, mientras que su techo mostraba un fuego ardiente.

17. La revisé con atención, y vi en ella un trono elevado;

18. El aspecto de ella era como la de escarcha; mientras que su orbe[1] era como la esfera del sol brillante; y *había* la voz de un querubín.

19. Por debajo de este poderoso trono salían ríos de fuego ardiente.

20. Mirarlo era imposible.

21. Un grande en la gloria se sentaba en él:

22. Su toga lucía más brillante que el sol y más blanca que la nieve.

23. Ningún ángel podía entrar a ver el rostro de Él, el Glorioso y el Resplandeciente; ni a Él podía mirarlo ningún mortal. Un fuego ardía[2] a su alrededor.

24. También un gran fuego seguía elevándose ante Él; de manera que ninguno de los que lo rodeaban a Él podía acercarse a Él, entre las miríadas de miríadas que estaban ante Él. Para Él la santa consulta era innecesaria.[3] Sin embargo, las santidades que estaban cerca de Él no se alejaban durante la noche ni durante el día, ni se separaban de Él. Yo había avanzado mucho, con un velo sobre mi rostro, temblando. Entonces el Señor por su *propia* boca me llamó y me dijo: Ven aquí Enoc y escucha mi sagrada palabra.

---

[1] esfera celeste o terrestre. N. de T.

[2] *Un fuego de fuego ardiente.*

[3] *Y el no necesitaba de consejeros santos.*

25. Y Él me levantó, haciendo que me aproximara incluso hasta la entrada. Mis ojos estaban dirigidos hacia el suelo.

Capítulo 15

1. Entonces dirigiéndose a mí, Él habló y dijo:[1] Escucha, no temas, O Enoc, hombre justo, escriba de justicia;[2] acércate y escucha mi voz. Ve, diles a los Vigilantes del cielo que te han enviado a suplicar por ellos: A ustedes les corresponde interceder por los hombres y no a los hombres por ustedes.

2. ¿Por qué han abandonando ustedes el cielo alto y santo, que dura por siempre, y se han acostado con mujeres y se han profanado a ustedes mismos con las hijas de los hombres; han tomado esposas como los hijos de la tierra y han engendrado hijos impíos?[3]

3. Ustedes que fueron espirituales, santos y que poseían una vida[4] eterna, se han manchado con las mujeres; han engendrado con sangre carnal; han sentido lujuria en la sangre de los hombres; y han actuado como actúan aquellos *que son* carne y sangre.

4. Sin embargo, éstos mueren y perecen.

5. Por eso, yo les he dado a ellos mujeres, para que puedan cohabitar con ellas, para que les nazcan hijos a ellas; y para que así no falten ellos sobre la tierra.

6. Pero ustedes desde el principio fueron creados espirituales, poseyendo una vida que era eterna, y que por siempre no estaba sujeta a la muerte.[5]

---

[1] *él dijo con su voz.*

[2] *O Enoc, O hombre justo, y escriba de la justicia.*

[3] *gigantes.*

[4] *vivían una vida.*

[5] *por todas las generaciones del mundo.*

7. Y por ello no hice esposas para ustedes, porque, al ser espirituales, su morada está en el cielo.

8. [1]Ahora los gigantes, que han nacido del espíritu y de la carne, serán llamados en la tierra espíritus malignos y sobre la tierra estará su morada. Los espíritus malignos proceden de su carne, porque fueron creados desde arriba; de los santos Vigilantes es su comienzo y origen primordial. Los espíritus malignos estarán sobre la tierra y serán llamados espíritus de los malévolos. La morada de los espíritus del cielo está en el cielo; pero en la tierra estará la morada de los espíritus terrestres que nacen sobre la tierra.

9. Los espíritus de los gigantes *serán como* nubes, que oprimirán, corromperán, caerán, combatirán y destruirán sobre la tierra.

10. Ellos causarán penalidades. Ellos no ingerirán alimentos; y tendrán sed; estarán ocultos, y no[2] se levantarán en contra de los hijos de los hombres, y en contra de las mujeres; porque ellos aparecerán durante los días de matanza y desrucción.

Capítulo 16

1. Y respecto a la muerte de los gigantes, donde quiera que sus espíritus abandonen sus cuerpos, deja que su carne, la que puede perecer, quede sin juicio. Así perecerán ellos, hasta el día de la gran consumación del gran mundo. Una destrucción les ocurrirá[3] a los Vigilantes e impíos.

---

[1] El tercer extracto hecho por Sincelo comienza aquí y termina en el tercer versículo del siguiente capítulo.

[2] *y esos espíritus no se.* M. De Sacy hace notar aquí, que el sentido parece requerir una cláusula afirmativa, en lugar de una cláusula negativa.

[3] *Se consumará con respecto a.*

2. Y ahora a los Vigilantes, que te han enviado a suplicar por ellos, y que en el principio estaban en el cielo,

3. *Diles*: Ustedes han estado en el cielo; sin embargo, no se les han revelado misterios; no obstante han conocido un misterio indigno.

4. Y esto es lo que ustedes, en el endurecimiento de su corazón, le han comunicado a las mujeres y por ese misterio ellas y la humanidad han multiplicado los males sobre la tierra.

5. Diles: Por lo tanto, nunca tendrán paz.

Capítulo 17 [Sección 4[1]]

1. Ellos me elevaron a un cierto sitio,[2] donde surgía un fuego ardiente; y cuando ellos querían asumían la apariencia de los hombres.

2. Me llevaron a un punto elevado, a una montaña, cuya cima tocaba el cielo,

3. Y vi los receptáculos de luz y del trueno, en los extremos del lugar, donde tenía la mayor profundidad. Había un arco de fuego, sus flechas y carcaj, una espada de fuego y toda clase de relámpagos.

4. Luego me elevaron a una corriente que murmuraba[3] y a un fuego en el occidente, que recogía todas las puestas del sol. Llegué hasta un río de fuego, que fluía como agua y desembocaba en el gran mar que está hacia el occidente.

5. Vi todos los grandes ríos, hasta que llegué a una gran oscuridad. Fui a donde emigra toda la carne; y vi las montañas

---

[1] Manuscrito de París, en el que sin embargo se omite el título del capítulo 17, aunque se hace notar esta sección.
[2] *a un lugar.*
[3] *al agua de vida, que hablaba.*

de las tinieblas que constituyen el invierno y el sitio desde donde fluye el agua en todo abismo.

6. También vi la desembocadura de todos los ríos de la tierra y las desembocaduras del abismo.

Capítulo 18

1. Entonces inspeccioné los receptáculos de todos los vientos, percibiendo que ellos contribuyeron a adornar[1] toda la creación y *a preservar* los cimientos de la tierra.

2. Inspeccioné la piedra *que soporta* las esquinas de la tierra.

3. También vi los cuatro vientos, que sostienen la tierra y el firmamento del cielo.

4. Y vi a los vientos que ocupan el cielo elevado.[2]

5. Surgir de en medio del cielo y de la tierra, y que constituyen los pilares del cielo.

6. Vi los vientos que hacen girar el cielo, y que conducen por las órbitas al sol y a todas las estrellas hasta que se pongan; y sobre la tierra vi los vientos que sostienen las nubes.

7. Vi el camino de los ángeles.

8. Percibí en los confines de la tierra el firmamento del cielo arriba de ella. Después fui al sur;

9. Donde se quemaban, tanto de día como de noche, seis montañas formadas por piedras gloriosas; tres hacia el este, y tres hacia el sur.

10. Las que estaban hacia el este eran de una piedra multicolor; una de las cuales era de margarita y otra de antimonio. Las que estaban hacia el sur eran de una piedra roja. La del medio se elevaba hasta el cielo como el trono de Dios; *un trono compuesto* de alabastro, y la parte alta del trono era de zafi-

---

[1] *aquello en ellos eran los adornos de.*
[2] *la altura del cielo.*

ro. También vi un fuego ardiente que pendía[1] sobre todas las montañas.

11. Y ahí vi un lugar al otro extremo de un extenso territorio, donde se acumulaban las aguas.

12. De igual manera, vi las fuentes terrestres, en la profundidad de ardientes columnas del cielo.

13. Y en las columnas del cielo vi fuegos, que descendían innumerables, pero no los vi en las alturas ni en las profundidades. Sobre estas fuentes también percibí un lugar sobre el cual no se extendía el firmamento en lo alto, bajo el cual no había tampoco cimientos de la tierra; sobre el que no había ni agua ni pájaros, sino que era un lugar desolado.

14. Y allí vi siete estrellas parecidas a grandes montañas que ardían, y como espíritus que me suplicaban.

15. Entonces el ángel dijo: Este sitio, hasta la consumación del cielo y de la tierra; será la prisión de las estrellas y de la hueste del cielo.

16. Las estrellas que ruedan sobre el fuego son las que han transgredido el mandamiento de Dios antes de que llegara el tiempo de ellas; porque ellas no llegaron a su debido tiempo. Por eso Él se irritó contra ellas y las encadenó hasta el periodo de la consumación de sus crímenes en el año del misterio.

Capítulo 19

1. Entonces Uriel dijo: Aquí los ángeles, que cohabitaron con mujeres, nombraron a sus líderes;

2. Y al ser numerosos en apariencia hicieron que los hombres se corrompieran y se descarriaran; para que hicieran sacrificios a demonios y a dioses. Porque en el gran día *habrá* un

---

[1] *que estaba por encima.*

juicio, en que serán juzgados, hasta que se consuman; y también serán *juzgadas* sus esposas, que pervirtieron a los ángeles para que pudieran honrarlas.

3. Y yo, Enoc, solo, vi la visión del final de todas las cosas. Y ningún ser humano la vio como yo la vi.

Capítulo 20

1. Estos son los nombres de los ángeles que vigilan.
2. Uriel, uno de los santos ángeles, que *preside* sobre[1] el clamor y el terror.
3. Rafael, uno de los santos ángeles, que *preside* sobre los espíritus de los hombres.
4. Raguel, unos de los santos ángeles, que inflige castigo en el mundo y a las luminarias.
5. Miguel, uno de los santos ángeles, que, *presidiendo* sobre las virtudes humanas, manda sobre las naciones
6. Sarakiel, uno de los santos ángeles, que *preside* sobre los espíritus de los hijos de los hombres que cometen transgresiones.
7. Gabriel; uno de los santos ángeles, que *preside* sobre Ikisat,[2] sobre el paraíso y sobre los querubines.

Capítulo 21

1. Después recorrí un circuito hasta un lugar en el que nada se había completado.
2. Y ahí no observé ni el trabajo magnífico de un cielo elevado, ni el de una tierra establecida, sino un lugar desolado, preparado y terrible.

---

[1] *porque* es él *el que* está por encima
[2] *Ikisat.* Esto parece ser un nombre propio.

3. Ahí, también, vi siete estrellas del cielo que estaban encadenadas y juntas, como grandes montañas y como fuego ardiente. Exclamé: ¿Por qué clase de crimen están encadenadas y por qué motivo han sido arrojadas a este lugar? Entonces, Uriel, uno de los santos ángeles que estaba conmigo y me guiaba, respondió: Enoc ¿por qué preguntas, por qué razonas contigo mismo y preguntas con inquietud? Éstas son aquellas de las estrellas que han transgredido el mandamiento del Dios altísimo; y están encadenadas aquí hasta que se complete el número infinito de los días de sus crímenes.

4. De allí pasé posteriormente a otro lugar terrible;

5. Donde vi la operación de un gran fuego ardiente y deslumbrante, en medio del cual había una división. Columnas de fuego luchaban juntas hasta el fondo del abismo, y su descenso era profundo. Pero no pude descubrir ni sus dimensiones ni su magnitud; tampoco pude percibir su origen. Entonces exclamé: ¡Qué terrible es este lugar, y qué difícil es explorarlo!

6. Uriel, uno de los santos ángeles que estaba conmigo, respondió y dijo: Enoc, ¿por qué te alarmas y te sorprendes de este lugar terrible, a la vista de este *lugar de* sufrimiento? Éste, él dijo, es la prisión de los ángeles; y aquí se les retiene por siempre.

Capítulo 22 [Sección 5[1]]

1. Desde allí fui a otra parte, donde vi al oeste una montaña grande y elevada, una roca dura y cuatro lugares encantadores.

---

[1] Manuscrito de París.

2. Internamente era profunda, muy amplia y muy lisa; tan lisa como si le hubieran pasado un rodillo; se ve profunda y oscura.

3. Entonces Rafael, uno de los santos ángeles que estaban conmigo, respondió y dijo: Éstos son los lugares encantadores donde los espíritus, las almas de los muertos, se reunirán; para ellos se formaron; y aquí se reunirán todas las almas de los hijos de los hombres.

4. Estos lugares, en los que ellos moran, los ocuparán hasta el día del juicio, y hasta su periodo asignado.

5. Su periodo asignado será largo, incluso hasta el gran juicio. Y vi a los espíritus de los hijos de los hombres que estaban muertos; y sus voces subían hasta el cielo, mientras acusaban.[1]

6. Entonces le pregunté a Rafael, un ángel que estaba conmigo y dije: ¿De quién es ese espíritu, cuya voz llega *al cielo,* y acusa?

7. Él respondió, diciendo: Éste es el espíritu de Abel, a quien su hermano Caín asesinó; y que acusará a ese hermano,[2] hasta que su simiente sea destruida de la faz de la tierra;

8. Hasta que su simiente desaparezca de la simiente de la raza humana.

9. Por lo tanto, en ese momento pregunté respetándolo y respetando el juicio general, diciendo: ¿Por qué están separados unos de otros? Él respondió: Se han hecho tres *separaciones* entre los espíritus de los muertos y así se han separado los espíritus de los justos.

10. Es decir, *por* un abismo, *por* agua, y *por* luz que está por encima.

---

[1] *culpaban o reprobaban.*
[2] *y él lo acusará.*

11. Y en la misma forma se separan los pecadores cuando mueren, y se les sepulta en la tierra; y no se ha ejecutado juicio contra ellos en vida.

12. Aquí sus almas se colocan aparte. Más aún, es abundante su sufrimiento hasta el día del gran juicio, el castigo y el tormento de aquellos que eternamente maldicen, cuyas almas son castigadas y encadenadas ahí por siempre.

13. Y así ha sido desde el principio del mundo. Así ha existido una separación entre las almas de aquellos que expresan quejas y las de aquellos que esperan su destrucción, para matarlos en el día de los pecadores.

14. Un receptáculo de este tipo ha sido formado[1] para las almas de los hombres injustos, y de los pecadores; de aquellos que han completado el crimen, y se han asociado con los impíos, con los que se parecen. Sus almas no serán aniquiladas en el día del juicio, ni tampoco se levantarán de este lugar. Entonces bendije a Dios,

15. Y dije: Bendito sea mi Señor, el Señor de la gloria y la justicia, que reina sobre todo por los siglos de los siglos.

Capítulo 23

1. Desde allí fui a otro lugar, hacia el occidente, en los confines de la tierra.

2. Donde observé un fuego ardiente y que corría sin descanso y sin interrumpir su carrera ni de día ni de noche, sino que continuaba siempre igual.

3. Pregunté, diciendo: ¿Qué es esto que nunca cesa?

4. Entonces Raguel, uno de los santos ángeles que estaban conmigo, respondió,

---

[1] *ha sido hecho de esta forma.*

5. Y dijo: Este fuego ardiente, que ves que corre hacia el occidente, es *el de* todas las luminarias del cielo.

Capítulo 24

1. Y de ahí, fui a otro lugar, y vi una montaña de fuego que resplandecía tanto de día como de noche. Me dirigí hacia ella; y vi siete montañas magníficas, y todas eran diferentes entre sí.

2. Sus piedras eran brillantes y hermosas; todas tenían una apariencia brillante y espléndida; y bella era su superficie. Tres *montañas* estaban orientadas hacia el este, fortalecidas por estar colocadas una sobre otra; y tres estaban hacia el sur, fortalecidas en una forma similar. Asimismo había profundos valles que no se acercaban unos a otros. Y la séptima montaña estaba en medio de ellos. En longitud todas se parecían al asiento de un trono, rodeadas por árboles aromáticos.

3. Entre ellos había un árbol con un perfume incesante; y no había ninguno de los árboles aromáticos que había en el Edén que oliera como éste. Sus hojas, sus flores y su corteza nunca se secan, y su fruto era hermoso.

4. Su fruto se parece a los dátiles de las palmas. Exclamé: ¡Mira! Este árbol tiene un aspecto grande, hojas agradables y el aspecto de su fruta es precioso a la vista. Entonces, Miguel, uno de los ángeles santos y gloriosos que estaban conmigo. Y *él* que presidía sobre ellos, respondió,

5. Y dijo: Enoc, ¿por qué preguntas por el perfume de este árbol?

6. *¿Por qué* te muestras inquisitivo por saberlo?

7. Entonces, yo, Enoc, le respondí y dije: Respecto a todo deseo recibir instrucción, pero en especial acerca de este árbol.

8. Y él me contestó diciendo: Esta montaña alta que has visto y la extensión de su cima que se parece al asiento del Señor, será el asiento en el que se sentará el gran y santo Señor de la gloria, el Rey eterno, cuando él venga y descienda para visitar a la tierra con bondad.

9. Y a ese árbol de aroma agradable, nadie de *olor* carnal,[1] no habrá poder para tocarlo, hasta el periodo del gran juicio. Cuando todo sea castigado y consumido por siempre, éste será dado a los justos y a los humildes. El fruto de este *árbol* le será dado a los elegidos. Porque hacia el norte la vida será plantada en el lugar santo, hacia la morada del Rey eterno.

10. Entonces ellos se regocijarán y estarán alegres en Aquel que es Santo. La dulce fragancia penetrará sus huesos; y ellos vivirán una larga vida en la tierra, así como han vivido tus ancestros; y en sus días no los afligirá ninguna pena, sufrimiento, dificultad ni castigo.

11. Y bendije al Señor de la gloria, al Rey eterno, porque Él ha preparado *este árbol* para los santos, lo formó y declaró que Él se los daría.

Capítulo 25

1. Desde ahí continué hasta el centro de la tierra y vi un lugar feliz y fértil, en el cual estaban las ramas que brotaban continuamente de los árboles que ahí se habían plantado. Allí vi una montaña santa y debajo de ella en el lado oriente había agua que fluía hacia el sur. También vi al oriente otra montaña tan alta como aquella y entre ellas había valles profundos, pero no anchos.

---

[1] *de carne.*

2. El agua corría hacia la montaña al oeste de ésta; y por debajo, había asimismo otra montaña.

3. Había un valle, pero no era un valle ancho, debajo de ella, y en medio de ellas había otros valles profundos y secos hacia los confines del árbol. Todos estos valles que eran profundos, pero no anchos, consistían de una roca dura, con un árbol que estaba plantado en ellos. Yo me maravillaba de la roca y de los valles, y me asombraba demasiado.

Capítulo 26

1. Entonces dije: ¿Qué significa esta tierra bendita, todos estos árboles majestuosos y el valle maldito en medio de ellos?

2. Entonces Uriel, uno de los santos ángeles que estaban conmigo, respondió: Este barranco maldito es para aquellos que están malditos para siempre; ahí serán reunidos todos los que con su boca pronuncian palabras indecorosas contra Dios y ofenden Su gloria. Ahí serán reunidos. Ahí estará su territorio.

3. En los últimos días se ejecutará en justicia sobre ellos un ejemplo del juicio, en presencia de los santos: mientras que aquellos que han recibido misericordia, por siempre, durante todos sus días, bendecirán a Dios, el Rey Eterno.

4. Y en el periodo del juicio ellos le bendecirán a Él por su misericordia, según Él se la otorgó a ellos. Entonces yo bendije a Dios, dirigiéndome a Él, y haciendo mención, como se veía, de Su grandeza.

Capítulo 27

1. Fui desde allí hacia el oriente, en medio de la montaña del desierto, de la que sólo percibí la superficie nivelada.

2. Estaba llena de árboles de las semillas aludidas; y el agua descendía de ella a saltos.

3. Ahí aparecía una catarata compuesta por muchas cataratas, que se dirige hacia el oeste y hacia el este. A un lado había árboles; al otro había agua y rocío.

Capítulo 28

1. Luego, desde el desierto me dirigí a otro lugar, hacia el oriente de esa montaña *a la que* me había acercado.
2. Allí vi árboles seleccionados, en particular *aquellos que producen* drogas de aromas dulces, francoincienso y mirra;[1] y árboles diferentes unos de otros.
3. Y por encima de eso, por arriba de ellos, estaba la elevación de la montaña oriental no a una gran distancia.

Capítulo 29

1. En la misma forma vi otro lugar con valles de agua que nunca se desperdiciaba,
2. *Donde* percibí un árbol enorme que se parecía a Zasakinon.
3. Y hacia los lados de estos valles percibí canela de dulce aroma. Avancé sobre ellos en dirección al oriente.

Capítulo 30

1. Luego vi otra montaña con árboles, a partir de la que el agua fluía como Neketro. Su nombre era Sarira, y Kalboneba. Y sobre esta montaña, vi otra montaña, sobre la que había árboles de Alva.
2. Estos árboles estaban llenos, como almendros, y eran fuertes; y cuando producían fruta, era superior a todos los perfumes.

---

[1] *árboles del juicio, en especial muebles del dulce aroma de francoincienso y mirra.*

Capítulo 31

1. Después de estas cosas, revisando las entradas del norte, arriba de las montañas, percibí siete montañas llenas de nardos puros, árboles aromáticos, canela y papiro.

2. De ahí pasé por encima de las cimas de esas montañas a cierta distancia al oriente, y pasé sobre el Mar de Eritrea. Y cuando yo había avanzado muy lejos sobre él, pasé por arriba del ángel Zateel, y llegué al jardín de la justicia. En este jardín vi, entre otros árboles, algunos que eran numerosos y grandes, y que ahí florecían.

3. Su fragancia era agradable y poderosa,[1] y su apariencia era tanto variada como elegante. El árbol del conocimiento también estaba ahí, y si alguien come de él recibe una gran sabiduría.

4. Era como una especie de árbol de tamarindo, que daba fruta que parecía uvas extremadamente finas; y su fragancia penetraba hasta muy lejos. Exclamé: ¡Qué hermoso es este árbol y qué preciosa era su apariencia!

5. Entonces el santo Rafael, un ángel que estaba conmigo, respondió y dijo: Éste es el árbol del conocimiento, del cual comieron tu anciano padre y tu anciana madre, que existieron antes que tú, y que, al obtener conocimiento, sus ojos se abrieron y comprendieron que estaban desnudos y fueron expulsados del jardín.

Capítulo 32

1. Desde allí fui hasta los confines de la tierra y vi allí grandes bestias diferentes unas de otras y también pájaros que dife-

---

[1] *buena y grandiosa.*

rían en sus aspectos y formas, así como en sus trinos de diferentes sonidos.

2. Al oriente de esas bestias, percibí los confines de la tierra, donde el cielo se interrumpe. Los portales del cielo estaban abiertos, y vi cómo surgían las estrellas celestes. Las enumeré mientras salían por el portal y anoté las salidas de cada una de las estrellas, de acuerdo a su número. *Anoté* sus nombres, sus tiempos y sus estaciones, según me los mostraba el ángel Uriel, que estaba conmigo.

3. Él me los mostró todos, y anotó *una descripción de* ellos.

4. Él también anotó para mí sus nombres, sus leyes y sus operaciones.

Capítulo 33

1. Desde allí avancé hacia el norte, a los confines de la tierra.

2. Y ahí vi una maravilla grande y gloriosa en los confines de toda la tierra.

3. Ahí vi los portales celestiales que se abrían hacia el cielo; tres de ellos estaban claramente separados. Los vientos del norte provenían de ellos y cuando soplan hay frío, granizo, escarcha, nieve, rocío y lluvia.

4. De uno de los portales, soplaban con moderación; pero cuando soplaban de los *otros* dos *portales,* era con violencia y fuerza. Soplaban sobre la tierra con fuerza.

Capítulo 34

1. Desde allí fui a los confines del mundo hacia el oeste.

2. Donde percibí tres portales abiertos, como lo había visto al norte; los portales y los pasajes a través de ellos siendo de igual magnitud.

Capítulo 35

1. Luego procedí a los confines de la tierra hacia el sur; donde vi tres portales abiertos hacia el sur, de donde salía el rocío, la lluvia y el viento.

2. Desde allí fui a los confines del cielo hacia el oriente; donde vi tres portales celestes abiertos, que tenían portales más pequeños dentro de ellos. Por cada uno de estos portales pequeños pasan las estrellas del cielo y avanzan hacia el oeste por el curso que era visto por ellas, y eso en cada periodo *de su aparición.*

3. Cuando las *observé,* bendije; cada vez *que aparecían,* yo bendecía al Señor de la gloria, que había hecho esos signos grandes y espléndidos, para que ellas pudieran mostrar la magnificencia de las obras de Él a los ángeles y a las almas de los hombres; y para que éstos pudieran glorificar todas sus obras y operaciones; para que pudieran ver el efecto de su poder; para que pudieran glorificar la grandiosa obra de sus manos y le bendigan por siempre.

Capítulo 37[1] Sección 6[2]

1. La visión que él vio, la segunda visión de sabiduría, que vio Enoc, el hijo de Jared, el hijo de Malaleel, el hijo de Canán, el hijo de Enos, el hijo de Set, el hijo de Adán. Éste es el comienzo de la palabra de sabiduría, que recibí para declararla y decirla a los habitantes de la tierra. Escuchen desde el principio, y comprendan hasta el final, las cosas santas que expreso en la presencia del Señor de los espíritus. Aquellos que estaban antes que *nosotros* pensaron que era bueno hablar.

---

[1] El Capítulo 36 no aparece en el Manuscrito.
[2] Manuscrito de París y Manuscrito Bodleiano.

2. Y no permitamos que nosotros, que venimos después, obs-truyamos el comienzo de la sabiduría. Hasta el periodo presente nunca antes había dado el Señor de los espíritus aquello que yo he recibido, sabiduría de acuerdo a la capa-cidad de mi intelecto, [1] y de acuerdo al placer del Señor de los espíritus; aquello que he recibido de él,[2] una porción de la vida eterna.

3. Y obtuve tres parábolas, que les relaté a los habitantes del mundo.

Capítulo 38

1. La primera parábola. Cuando aparezca la congregación de los justos; y los pecadores sean juzgados por sus crímenes, y sean afligidos a la vista del mundo;

2. Cuando la justicia se manifieste en la presencia de los justos en sí, que serán elegidos por sus *buenas* obras *debidamente* valoradas por el Señor de los espíritus; y cuando se mani-fieste la luz de los justos y de los elegidos, que habitan so-bre la tierra: ¿dónde estará la morada de los pecadores? ¿Y dónde estará el lugar de descanso de quienes han renegado del Señor de los espíritus? Habría sido mejor para ellos no haber nacido.

3. Cuando también se revelen los misterios de los justos, en-tonces serán juzgados los pecadores; y los hombres impíos se afligirán en la presencia de los justos y los elegidos.

4. A partir de ese periodo aquellos que poseen la tierra deja-rán de ser[3] poderosos y elevados. Tampoco podrán mirar el rostro de los santos, porque la luz de los rostros de los san-

---

[1] *de acuerdo a lo que yo he pensado.*

[2] *que él me ha dado.*

[3] *no serán.*

tos, los justos, y los elegidos, ha sido vista por el Señor de los espíritus.

5. Sin embargo, los reyes poderosos de ese periodo no serán destruidos; sino que serán entregados a las manos de los justos y de los santos.

6. Y de ahí en adelante ninguno obtendrá la misericordia del Señor de los espíritus, porque su vida *en este mundo* se habrá completado.

Capítulo 39

1. En esos días la raza de los elegidos y los santos descenderá de lo alto de los cielos y su simiente estará entonces con los hijos de los hombres. Enoc recibió los libros de indignación e ira, y libros de prisa y agitación.

2. Ellos nunca obtendrán misericordia, dijo el Señor de los espíritus.

3. Entonces una nube me pescó y me elevó, y el viento me levantó de la superficie de la tierra, colocándome en los confines de los cielos.

4. Allí tuve otra visión; *vi* las habitaciones y los divanes de los santos. Ahí contemplaron mis ojos sus habitaciones con los ángeles, y sus divanes con los santos. Ellos estaban rogando, suplicando y orando por los hijos de los hombres, mientras que la justicia como agua fluía ante ellos, y la misericordia como rocío *se esparció* sobre la tierra. Y así *será* para ellos por los siglos de los siglos.

5. En ese momento, mis ojos contemplaron la habitación[1] de los elegidos, de la verdad, la fe y la justicia.

---

[1] *lugar.*

6. Incontable será el número de los santos y los elegidos, en la presencia de Dios[1] por los siglos de los siglos.

7. Contemplé la residencia de ellos bajo las alas del Señor de los espíritus. Todos los santos y los elegidos cantaban ante él, con una apariencia como el resplandor del fuego; sus bocas estaban llenas de bendiciones, y sus labios glorificaban el nombre del Señor de los espíritus. Y la justicia incesantemente *residía* ante él.

8. Ahí estaba yo deseando quedarme, y mi alma anhelaba esa morada. Ahí estaba mi herencia precedente; porque de esta manera había yo prevalecido[2] ante el Señor de los espíritus.

9. En ese momento glorifiqué y ensalcé el nombre del Señor de los espíritus con bendiciones y alabanzas; porque Él lo ha destinado para la bendición y la gloria, de acuerdo con su buen parecer.[3]

10. Por mucho tiempo mis ojos contemplaron ese lugar. Lo bendije y dije: Bendito sea él, bendito desde el principio y para siempre. En el principio, antes de que el mundo fuera creado, su conocimiento no tiene final.[4]

11. ¿Qué es este mundo? De todas la generaciones existentes te bendecirán aquellos que no duermen en el *polvo,* sino que están ante tu gloria y te bendicen, glorifican y ensalzan diciendo: El santo, santo, Señor de los espíritus, llena todo el mundo de los espíritus.

12. Allá mis ojos contemplaron a todos aquellos que, sin dormir, están ante él y lo bendicen, diciendo: Bendito seas tú y

---

[1] *en su presencia.*

[2] *Ahí estaba mi porción antes; y así había prevalecido ésta respecto a mí.*

[3] *de acuerdo con la voluntad del Señor de los espíritus.*

[4] *él sabe sin fin.*

bendito sea el nombre de Dios por los siglos de los siglos. Entonces mi rostro fue cambiado, hasta que ya no pude ver.

Capítulo 40

1. Después de eso vi a miles de miles y a miríadas de miríadas, y a un número infinito de personas que estaban ante el Señor de los espíritus.
2. Asimismo en las cuatro alas del Señor de los espíritus, en los cuatro costados, percibí a otros, además de aquellos que estaban *ante él*. También sé sus nombres; porque el ángel que iba conmigo me los dio a conocer, descubriendo para mí todo misterio.
3. Entonces escuché las voces de aquellos que en los cuatro costados magnificaban al Señor de la gloria.
4. La primera voz bendecía al Señor de los espíritus por los siglos de los siglos.
5. A la segunda voz la escuché bendiciendo al Elegido y a los elegidos que sufren[1] debido al Señor de los espíritus.
6. A la tercera voz la oí orar e interceder por los que viven sobre la tierra y suplican el nombre del Señor de los espíritus.
7. A la cuarta voz la oí expulsando a los ángeles impíos,[2] y prohibiéndoles entrar a la presencia del Señor de los espíritus a acusar a los habitantes de la tierra.
8. Después de eso le rogué al ángel de paz, que iba conmigo, que me explicara todo lo que estaba oculto. Le dije: ¿Quiénes son aquellos *a quien* he visto en los cuatro costados, y

---

[1] *son crucificados o torturados.*
[2] *los Satanes.*

cuyas palabras he oído y escrito? Él contestó: El primero es el misericordioso, el paciente, el santo Miguel.

9. El segundo es el que *preside* sobre todo sufrimiento y toda aflicción[1] de los hijos de los hombres, el santo Rafael. El tercero, que *preside* sobre todo lo que es poderoso, es Gabriel. Y el cuarto, que *preside* sobre el arrepentimiento, y la esperanza de aquellos que heredarán la vida eterna, es Sariel. Éstos son los cuatro ángeles de Dios altísimo, y sus cuatro voces que escuché en ese momento.

Capítulo 41

1. Después de esto vi los misterios de los cielos y del paraíso,[2] de acuerdo a sus divisiones; y de la acción humana,[3] como es pesada en la balanza. Vi las habitaciones de los elegidos y las habitaciones de los santos. Y mis ojos vieron a todos los pecadores, que negaron al Señor de la gloria, y que eran expulsados de allí, y eran arrastrados, mientras ellos estaban *ahí;* sin que procediera un castigo del Señor de los espíritus en contra de ellos.

2. Allí, también, mis ojos vieron los misterios del relámpago y del trueno; y los secretos de los vientos, cómo se distribuyen para soplar sobre la tierra; los secretos de los vientos. Del rocío, y de las nubes. Ahí percibí el lugar de donde surgen, y se saturan con el polvo de la tierra.

3. Ahí vi los receptáculos de madera[4] desde donde se distribuyen los vientos, el receptáculo del granizo, el receptáculo de

---

[1] *herida.*

[2] *el reino* o *paraíso.*

[3] *el trabajo* o *labor del hombre.*

[4] *hechos de madera.*

la nieve, el receptáculo de las nubes, y la nube en sí, *que* continuaban sobre la tierra antes de la *creación* del mundo.

4. Vi también los receptáculos de la luna, de dónde vienen las lunas,[1] hacia dónde regresan, su glorioso retorno, y cómo una se volvió más espléndida que otra. *Marqué* su rico progreso, su progreso invariable, su progreso desunido y sin disminuir; su cumplimiento de una fidelidad mutua mediante un juramento estable;[2] su avance ante el sol, y su seguimiento del camino *asignado* a ellas,[3] obedeciendo el mandamiento del Señor de los espíritus. Poderoso es su nombre por los siglos de los siglos.

5. Después de eso *percibí, que* el camino tanto el oculto como el visible de la luna, así como el progreso de su camino, se cumple de día y de noche; mientras que cada uno, uno con otro, ve hacia el Señor de los espíritus, ellos dan gracias y alaban sin descanso, porque para ellos alabar es descansar; porque en el sol espléndido hay una conversión frecuente para bendecir y para maldecir.

6. El curso del camino de la luna es luz para los justos y tinieblas para los pecadores; en el nombre del Señor de los espíritus, que creó *una división* entre la luz y las tinieblas, y al separar los espíritus de los hombres, fortaleció los espíritus de los justos en nombre de su justicia.

7. Porque ningún ángel impide *esto,* y tampoco cuenta con el poder para impedirlo, porque el Juez los ve a todos, y los juzga a todos en su presencia.

---

[1] *ellas.*

[2] *mediante un juramento al que se adhirieron.*

[3] *de su órbita.*

Capítulo 42

1. La sabiduría no encuentra un lugar *en la tierra* donde pueda habitar, entonces su casa está en los cielos.
2. La sabiduría fue a habitar entre los hijos de los hombres y no encontró sitio. La sabiduría regresó a su lugar y se asentó entre los ángeles. Pero la injusticia surgió después de que regresara, y sin estar dispuesta encontró *una habitación,* y residió entre ellos, como la lluvia en el desierto y como el rocío sobre la tierra sedienta.

Capítulo 43

1. Después vi otro esplendor, y las estrellas del cielo. Vi que él las llamaba por sus nombres respectivos y ellas le ponían atención. En una balanza justa vi que él pesaba la luz de ellas, la amplitud de sus lugares, y el día de su aparición[1] y su conversión. El esplendor producía esplendor; y su conversión *era* de acuerdo al número de los ángeles, y de los fieles.
2. Luego le pregunté al ángel, que iba conmigo, y me explicó misterios: ¿Cuáles eran *sus nombres?* Él respondió: Una similitud de aquellos que el Señor de los espíritus te ha mostrado. Son los nombres de los justos que viven sobre la tierra y creen en el nombre del Señor de los espíritus por los siglos de los siglos.

Capítulo 44

También vi otra cosa respecto al esplendor; que surge de las estrellas, y se convierte en esplendor, siendo incapaz de abandonarlos.

---

[1] *de su existencia.*

Capítulo 45 [Sección 7[1]]

1. La segunda parábola, acerca de quienes rechazan[2] el nombre de la habitación de los santos, y del Señor de los espíritus.

2. Ellos no subirán al cielo ni vendrán a la tierra. Ésta será la suerte de los pecadores, que reniegan del nombre del Señor de los espíritus, a quienes se les reservó para el día del castigo y la tribulación.

3. En ese día el Elegido se sentará sobre un trono de gloria; y escogerá las condiciones y las innumerables habitaciones de ellos (mientras sus espíritus dentro de ellos se fortalecerán, cuando ellos vean a mi Elegido), *las escogerá* para aquellos que huyen buscando la protección de mi nombre santo y glorioso.

4. En ese día haré que mi Elegido habite entre ellos; transformaré *la faz* del cielo; lo bendeciré, y lo iluminaré por siempre.

5. También transformaré *la faz de* la tierra; la bendeciré; y haré que mis elegidos la habiten. Pero los que han cometido pecados e injusticia no la habitarán,[3] porque he marcado su juicio.[4] A mis justos los satisfaré con paz, colocándolos ante mí; pero se aproximará la condena de los pecadores, para que pueda destruirlos de la faz de la tierra.

---

[1] En el Manuscrito de París, es la sección 8. En el Manuscrito Bodleiano es la sección 7.

[2] En el Manuscrito Bodleiano parece haber una omisión evidente. Esta omisión se subsana en el Manuscrito de París. He seguido este último.

[3] *no pondrán los pies allí.*

[4] *porque los he visto.*

Capítulo 46

1. Allí vi al Anciano de Días,[1] y su cabeza era blanca como lana; con él había otro, cuyo rostro tenía la apariencia del de un hombre. Su cara era llena de gracia, como *la de uno de los santos ángeles*. Entonces, le pregunté a uno de los ángeles[2] que iba conmigo y que me mostraba todos los misterios, con respecto a este Hijo del hombre: ¿quién es éste, de dónde viene y por qué va con el Anciano de Días?

2. Él respondió y me dijo: Éste es el Hijo del hombre, que posee la justicia; y con quien vive la justicia; y que revelará todos los tesoros de aquello que está oculto: porque el Señor de los espíritus lo ha escogido; y su destino ha superado[3] todo ante el Señor de los espíritus en justicia por siempre.

3. Este Hijo del hombre, a quien has visto, levantará a los reyes y a los poderosos de sus divanes, y a los fuertes de sus tronos; desatará las bridas de los fuertes y les partirá los dientes a los pecadores.

4. Él arrojará a los reyes de sus tronos y reinos; porque ellos no lo ensalzarán y alabarán, ni se humillarán *ante él,* por quien[4] les fueron otorgados sus reinos. De la misma manera Él le cambiará la cara a los fuertes llenándolos de confusión. Las tinieblas serán su morada y los gusanos serán su cama, y no tendrán esperanza de levantarse de esa cama, porque no exaltaron el nombre del Señor de los espíritus.

5. Ellos condenarán a las estrellas del cielo, levantarán sus manos contra el Altísimo, y andarán y habitarán la tierra,

---

[1] *El Jefe* o *Cabeza de días. Daniel,* 7, 9.

[2] Las palabras, *Entonces, le pregunté a uno de los ángeles,* están omitidas en el Manuscrito Bodleiano. Aparecen en el Manuscrito de París.

[3] *conquistado.*

[4] *de donde.*

mostrando todas sus obras de injusticia, incluso sus obras de injusticia. Su fuerza estará en sus riquezas, y su fe estará puesta en los dioses que ellos han hecho con sus manos. Ellos negarán el nombre del Señor de los espíritus, y lo expulsarán de los templos, en los que se congregan.

6. Y *con él* los fieles, que sufren en el nombre del Señor de los espíritus.

Capítulo 47

1. En esos días la oración de los santos y de los justos y la sangre de los justos, subirán desde la tierra hasta la presencia del Señor de los espíritus.

2. En esos días los santos que habitan en lo alto de los cielos, se reunirán y con una sola voz, pedirán, suplicarán, orarán, alabarán, darán gracias y bendecirán el nombre del Señor de los espíritus, en nombre de la sangre de los justos que ha sido derramada; para que la oración de los justos no sea en vano ante el Señor de los espíritus, que para ellos él celebre un juicio; y para que su paciencia no sea eterna.

3. En ese tiempo vi al Anciano de Días, mientras él se sentaba en el trono de su gloria, *mientras* el libro de los vivos fue abierto en su presencia y mientras *mientras* todas las huestes que estaban en lo alto de los cielos, estaban alrededor y ante él.

4. Entonces los corazones de los santos se llenaron de alegría, debido a que se llegó a la consumación[1] de la justicia, se escuchó la oración de los santos, y la sangre de los justo ha sido apreciada por el Señor de los espíritus.

---

[1] *el número.*

Capítulo 48

1. En ese lugar vi la fuente de la justicia, la cual era inagotable, y a su alrededor había muchas fuentes de sabiduría. Todos los sedientos bebían de ellas y se llenaban de sabiduría y habitaban con los justos, los elegidos y los santos.

2. En esa hora ese Hijo del hombre fue invocado ante el Señor de los espíritus y su nombre en presencia del Anciano de Días.

3. Antes de que el sol y los signos fueran creados, antes de que las estrellas del cielo fueran formadas, su nombre fue invocado en la presencia del Señor de los espíritus. Él será para los justos y los santos un soporte en el que puedan apoyarse y no caer; y él será luz para las naciones.

4. Él será la esperanza para aquellos cuyo corazón está angustiado. Todos los que habitan sobre la tierra se prostrarán y lo adorarán; lo bendecirán y lo glorificarán, y cantarán alabanzas en el nombre del Señor de los espíritus.

5. Por tal razón el Elegido y el Reservado existieron en su presencia, antes de la creación del mundo y por siempre.

6. En su presencia *él existió,* y le ha revelado a los santos y a los justos la sabiduría del Señor de los espíritus; porque él ha preservado el destino de los justos, porque ellos han odiado y despreciado a este mundo de injusticia y han odiado todas sus obras y caminos, en el nombre del Señor de los espíritus.

7. Porque por su nombre ellos serán salvados; y la voluntad de él será la vida de ellos. En esos días los reyes de la tierra y los poderosos que han dominado la tierra mediante sus logros[1] tendrán el rostro abatido.

---

[1] *por las obras de sus propias manos.*

8. Porque en el día de su angustia y aflicción sus almas no se salvarán; y *estarán* sometidos a[1] aquellos que yo he elegido.

9. Los arrojaré como la paja en el fuego, y como el plomo en el agua. Así se quemarán en la presencia de los justos, y se hundirán en la presencia de los santos; no se encontrará la décima parte de ellos.

10. Pero en el día de su aflicción, el mundo obtendrá tranquilidad.[2]

11. En su presencia ellos caerán, y no se levantarán de nuevo; y no habrá nadie que los saque de la mano de él, y los levante; porque ellos han renegado del Señor de los espíritus, y su Mesías. El nombre del Señor de los espíritus será bendecido.

Capítulo 48[3]

1. La sabiduría brota como agua y la gloria no decae ante él por los siglos de los siglos; porque él es poderoso en todos los secretos de la justicia.

2. Pero la injusticia desaparecerá como una sombra y no tendrá una estación fija: porque el Elegido está de pie ante el Señor de los espíritus y su gloria permanece por los siglos de los siglos y su poder por todas las generaciones.

3. En él habita el espíritu de la sabiduría intelectual, el espíritu de la instrucción y del poder, el espíritu de quienes han dormido en justicia; él juzgará las cosas secretas.

---

[1] *en la mano de.*
[2] *habrá descanso en la tierra.*
[3] El Capítulo 48 aparece dos veces.

4. Y nadie puede pronunciar una sola palabra ante él; porque el Elegido está en la presencia del Señor de los espíritus, según le place.

Capítulo 49

1. En esos días los santos y elegidos sufrirán un cambio. La luz del día residirá sobre ellos; y cambiará el esplendor y la gloria de los santos.

2. En el día de la aflicción la maldad se acumulará sobre los pecadores; pero los justos triunfarán en el nombre del Señor de los espíritus.

3. Se hará que otros vean, para que puedan arrepentirse y renunciar a las obras de sus manos; y esa gloria les aguarda no en la presencia del Señor de los espíritus, sin embargo serán salvados por su nombre. El Señor de los espíritus tendrá compasión de ellos: porque su misericordia es grande; y es justo en su juicio y en presencia de su gloria; la injusticia no podrá mantenerse en su juicio. El que no se arrepienta ante Él perecerá.

4. Y desde ese momento no tendré misericordia con ellos, dijo el Señor de los espíritus.

Capítulo 50

1. En esos días la tierra parirá de su matriz, y el infierno parirá de su matriz, aquello que ha recibido; y lo que debe la destrucción lo restaurará.

2. Él elegirá de entre ellos a los justos y a los santos, porque se acerca el día de su salvación.

3. En esos días el Elegido se sentará en su trono; y de su boca fluirán todos los misterios de la sabiduría intelectual; porque el Señor de los espíritus se lo ha concedido y lo ha glorificado.

4. En esos días las montañas saltarán como carneros y las colinas saltarán como corderos[1] que han tomado leche hasta quedar satisfechos; y todos *los justos* se convertirán en ángeles en el cielo.

5. El rostro de ellos resplandecerá de alegría; porque en esos días se alabará al Elegido. La tierra se regocijará, los justos la habitarán y los elegidos la poseerán.[2]

Capítulo 51

1. Después de ese periodo, en el sitio donde yo había visto todas las visiones de lo secreto, yo fui arrastrado hacia arriba por un remolino, y conducido hacia el occidente.

2. Allí mis ojos vieron los secretos del cielo, y todo lo que existió en la tierra; una montaña de hierro, una montaña de cobre,[3] una montaña de plata, una montaña de oro, una montaña de metal fluido y una montaña de plomo.

3. Le pregunté al ángel que iba conmigo, diciendo: ¿Qué son estas cosas que he visto en secreto?

4. Él dijo: Todas estas cosas que has visto serán para el dominio del Mesías, para que él pueda mandar y ser poderoso sobre la tierra.

5. Y ese ángel de paz me respondió, diciendo: Espera un poco y comprenderás, y te serán revelados todos los misterios, que ha decretado el Señor de los espíritus. Esas montañas que has visto, la montaña de hierro, la montaña de cobre, la montaña de plata, la montaña de oro, la montaña de metal fluido, y la montaña de plomo, todas éstas en presencia del Elegido serán como el panal frente al fuego y como agua

---

[1] Salmo 114, 4.

[2] *se pasearán por ella.*

[3] *nummus minutissimus. Obulus [pequeña cantidad de dinero. N. de. T.]*

que desciende desde arriba sobre estas montañas; y se debilitarán ante sus pies.

6. En esos días los hombres[1] no se salvarán ni por el oro ni por la plata.

7. Ni estará dentro de su poder el protegerse y volar.

8. No habrá hierro para la guerra, ni una coraza ni una malla para el pecho.

9. El cobre será inútil, también será inútil aquello que no se corroe ni se consume; y el plomo será indeseable.

10. Todas estas cosas serán rechazadas, y eliminadas de la tierra, cuando aparezca el Elegido en la presencia del Señor de los espíritus.

Capítulo 52

1. Mis ojos vieron allí un profundo valle; y era amplia su entrada.

2. Todos los que viven en la tierra, en el mar y en las islas, le llevarán regalos, presentes y ofrecimientos; sin embargo ese profundo valle no se llenará. Sus manos cometerán injusticias. Cualquier cosa que ellos produzcan mediante el trabajo, los pecadores lo devorarán con crímenes. Pero ellos perecerán ante el rostro del Señor de los espíritus, y de la faz de la tierra de él. Ellos se pondrán de pie, y no fallarán por los siglos de los siglos.

3. Vi a todos los ángeles del castigo, que habitaban *ahí,* y preparar todos los instrumentos de Satanás.

4. Luego pregunté al ángel de paz, que iba conmigo: ¿Para quién preparan esos instrumentos?

---

[1] *ellos.*

5. Él dijo: Los preparan para los reyes y los poderosos de la tierra, para que así[1] puedan perecer.

6. Después de esto aparecerá la casa de los justos y los elegidos de su congregación, desde entonces invariable, en el nombre del Señor de los espíritus.

7. Ni existirán esas montañas en su presencia, como *existen* la tierra y las colinas, como las fuentes de agua. Y los justos descansarán de la vejación de los pecadores.

Capítulo 53

1. Luego volví la mirada hacia otra parte de la tierra, donde vi allí un valle profundo ardiendo con fuego.

2. A este valle profundo llevaron a los monarcas y a los poderosos.

3. Y allí mis ojos vieron los instrumentos que ellos estaban fabricando, grilletes de hierro sin un peso.[2]

4. Entonces le pregunté al ángel de paz, que iba conmigo, diciendo: ¿Para quién se están preparando esos grilletes e instrumentos?

5. Él respondió: Se preparan para las tropas de Azazeel, para que puedan capturarlos y agarrarlos y sentenciarlos a la condena más baja; y que sus ángeles puedan ser abrumados con piedras que se arrojen, como mandó el Señor de los espíritus.

6. Miguel y Gabriel, Rafael y Sariel se fortalecerán en ese gran día, y entonces los arrojarán en el horno de fuego ardiente, para que el Señor de los espíritus pueda ser vengado de ellos por sus crímenes; porque ellos se convirtieron en

---

[1] *por medio de esto.*

[2] *en los que no había un peso.*

súbditos de Satanás, y sedujeron a aquellos que habitan sobre la tierra.

7. En esos días el castigo provendrá del Señor de los espíritus; y se abrirán los receptáculos de agua que están sobre los cielos, y al igual que las fuentes, que están bajo los cielos y bajo la tierra.

8. Todas las aguas, que están en los cielos y sobre ellos, se juntarán.

9. El agua que está arriba del cielo será el agente.[1]

10. Y el agua que está bajo la tierra será el recipiente:[2] y se destruirán todos los que habitaban sobre la tierra y los que habitan bajo los confines del cielo.

11. Mediante esto ellos comprenderán la injusticia que perpetraron sobre la tierra; y mediante esto ellos perecerán.

Capítulo 54

1. Posteriormente el Anciano de días se arrepintió y dijo: En vano he destruido a todos los habitantes de la tierra.

2. Y juró por el gran nombre de él, *diciendo*: De ahora en adelante no actuaré más así con los que habitan en la tierra.

3. Pero colocaré un signo en los cielos;[3] y será un testigo fiel[4] entre yo y ellos por siempre, mientras los días del cielo y la tierra duren sobre la tierra.

4. Posteriormente, de acuerdo con mi decreto, cuando desee atraparlos de antemano, por medio de los ángeles, en el día de la tribulación y el sufrimiento, mi ira y mi castigo perma-

---

[1]   *masculino.*

[2]   *femenino.*

[3]   Génesis 9, 13. "Mi arco he puesto en las nubes, el cual será por señal del pacto entre mí y la tierra".

[4]   *fe,* o *fidelidad.*

necerá sobre ellos, mi castigo y mi ira, dijo Dios el Señor de los espíritus.

5. O ustedes los reyes, O ustedes los poderosos, que habitan el mundo, ustedes verán a mi Elegido, sentarse en el trono de mi gloria. Y él juzgará a Azazeel, a todos sus cómplices y a todas sus tropas, en el nombre del Señor de los espíritus.

6. En la misma forma ahí vi las huestes de los ángeles que se estaban moviendo en castigo, confinados en una red de hierro y bronce. Entonces le pregunté al ángel de paz, que iba conmigo: ¿A quiénes se dirigían aquellos que van en confinamiento?

7. Él dijo: A cada uno de sus elegidos y sus queridos, para que puedan ser arrojados a las fuentes y a los huecos profundos del valle.

8. Y el valle se llenará con sus elegidos y queridos; los días de cuyas vidas se consumirán, pero los días de su error serán innumerables.

9. Entonces los príncipes se reunirán, y conspirarán. Los jefes del este, entre los partos y los medos, removerán a los reyes, a quienes invadirá un espíritu de desasosiego. Los derrocarán de sus tronos, saltando como leones de sus guaridas, y como lobos hambrientos en medio del rebaño.

10. Ellos se levantarán, y pisarán la tierra de sus elegidos. La tierra de sus elegidos estará ante ellos. El piso de desgranamiento, el camino y la ciudad de mi *pueblo* justo impedirán *el progreso de* sus caballos. Se levantarán para destruirse unos a otros; la mano derecha de ellos desplegará su fuerza; ningún hombre reconocerá a su amigo o a su hermano.

11. Ni el hijo a su padre ni a su madre, hasta que el número de cadáveres se *complete,* por su muerte y castigo. Nada de esto será en vano.

12. En ese tiempo la boca del infierno se abrirá, ahí serán engullidos; el infierno destruirá y se tragará a los pecadores en
presencia de los elegidos.

Capítulo 55

1. Después de eso vi otro ejército de carros, con hombres que
los conducían.
2. Y ellos iban sobre el viento proveniente del oriente, del occidente, y del sur.[1]
3. Se escuchaba el ruido de sus carros.
4. Y cuando ocurrió tal alboroto, los santos en el cielo lo percibieron; la columna de la tierra se sacudió desde su cimiento; y el sonido se oyó desde los confines de la tierra hasta
los confines del cielo al mismo tiempo.
5. Entonces todos ellos se prostraron, y adoraron al Señor de
los espíritus.
6. Éste es el fin de la segunda parábola.

Capítulo 56 [Sección 9[2]]

1. Ahora comencé a recitar la tercera parábola acerca de los
santos y de los elegidos.
2. Benditos sean ustedes, O santos y elegidos, pues su suerte
será gloriosa.
3. Los santos existirán en la luz del sol, y los elegidos en la luz
de la vida eterna, y los días de su vida nunca se terminarán;
ni se enumerarán los días de los santos, que buscan la luz y
encontrarán justicia con el Señor de los espíritus.
4. La paz sea para los santos con el Señor del mundo.

---

[1]   *en medio del día.* El ejército al que se hace mención probablemente fuera roma-
no.
[2]   Manuscrito de París.

5. Después de esto se les dirán a los santos que busquen en el cielo los misterios de la justicia, la porción de la fe, porque ésta ha surgido sobre la tierra como el sol y están desapareciendo las tinieblas. Habrá una luz interminable:[1] ni se ocuparán ellos de la enumeración del tiempo; porque las tinieblas serán destruidas previamente, y la luz aumentará ante el Señor de los espíritus; ante el Señor de los espíritus la luz de la rectitud aumentará por siempre.

Capítulo 57

1. En esos días mis ojos vieron los misterios de los relámpagos y los resplandores, y el juicio que les pertenece.
2. Ellos resplandecen para una bendición o para una maldición según la voluntad del Señor de los espíritus.
3. Y allí vi los misterios del trueno, cuando resuena[2] arriba en el cielo, y se escucha su sonido.
4. También me fueron mostradas las habitaciones de la tierra. El sonido del trueno es para la paz y para una bendición, así como para una maldición, según la palabra del Señor de los espíritus.
5. Posteriormente vi todos los misterios de los resplandores y los relámpagos. Ellos brillan para la bendición y para la fertilidad.

Capítulo 58[3] [Sección 10[4]]

1. En el año quinientos, y en el séptimo mes, en el decimocuarto *día* del mes, de la vida de Enoc, en esa parábola, vi

---

[1] *que no podrá ser contada.*
[2] *al triturar,* como en un mortero.
[3] No hay capítulo 58 en el Manuscrito. Por lo tanto he dividido el capítulo 59 en dos partes, denominando a la primera parte como capítulo 58.
[4] Manuscrito de París.

que el cielo de los cielos se sacudía, que se sacudía con violencia y que los poderes del Altísimo, y los ángeles, miles de miles, y miríadas de miríadas, estaban agitados con una gran agitación. Y cuando vi, el Anciano de Días estaba sentado sobre el trono de su gloria, mientras que los ángeles y los santos estaban a su alrededor. Se apoderó de mí un gran temblor y me sobrecogió el terror. Mis entrañas se doblaron y se aflojaron; mis riendas se disolvieron; y caí sobre mi rostro. El santo Miguel, otro ángel santo, uno de los santos, fue enviado para levantarme.

2. Cuando él me levantó, mi espíritu retornó; porque fui incapaz de soportar esta visión de violencia, su agitación, y la sacudida del cielo.

3. Entonces el santo Miguel me dijo: ¿Por qué te asusta esta visión?

4. Hasta ahora ha existido el día de misericordia y él ha sido misericordioso y paciente con aquellos que viven sobre la tierra.

5. Pero cuando venga el día, entonces *ocurrirá* el castigo, el poder, el juicio, que el Señor de los espíritus ha preparado para aquellos que se postran ante el juicio de la justicia, para aquellos que rechazan ese juicio, y para aquellos que toman *su* nombre en vano.

6. Ese día se ha preparado para los elegidos *como un día* de pacto; y para los pecadores *como un día de* castigo.

7. En ese día se harán salir dos monstruos *como comida*, un monstruo femenino, cuyo nombre es Leviatán y habita en el fondo del mar sobre la fuente de las aguas.

8. Y un *monstruo* masculino, cuyo nombre es Behemot, que posee, *moviéndose* sobre su pecho, el desierto invisible.

9. Su nombre era Dandain al oriente del jardín, donde habitan los elegidos y los justos; donde él *lo* recibió de mi ancestro,

que era hombre, desde Adán el primero de los hombres, a quien el Señor de los espíritus creó.

10. Entonces le pedí a otro ángel que me mostrara el poder de esos monstruos, cómo se separaron en el mismo día, uno *estando* en las profundidades del mar y otro en el desierto seco.

11. Y él dijo: Tú, hijo de hombre, estás aquí deseoso por comprender misterios.

12. [1]Y el ángel de paz, que estaba conmigo, dijo: Estos dos monstruos por el poder de Dios están preparados para convertirse en comida, para que el castigo de Dios no fuera en vano.

13. Entonces se matará a los niños con sus madres y a los hijos con sus padres.

14. Y cuando continúe el castigo del Señor de los espíritus, continuará sobre ellos, de manera que el castigo del Señor de los espíritus no ocurra en vano. Después de eso, el juicio existirá con misericordia y paciencia.

Capítulo 59

1. Entonces otro ángel, que iba conmigo, me habló.

2. Y me mostró el primero y el último misterio en el cielo arriba, y en las profundidades de la tierra:

3. En los confines del cielo, y en sus cimientos, y en el receptáculo de los vientos.

4. *Él me mostró* cómo se dividen sus espíritus; cómo se equilibran; y la forma en que tanto las fuentes como los vientos se numeran de acuerdo con la fuerza de su espíritu.

---

[1] Estos últimos tres versículos, a saber, 12, 13, 14 están en ambos Manuscritos al final del capítulo 59; pero pertenecen en forma tan evidente a esta descripción de Leviatán y Behemot, que me he aventurado a insertarlos aquí.

5. *Él me mostró* el poder de la luz de la luna, que su poder es el que le corresponde; así como también las divisiones de las estrellas, de acuerdo con sus nombres respectivos.

6. *Que* toda división se divide; que el relámpago se ilumina.

7. Que sus tropas[1] obedecen de inmediato; que ocurre una interrupción durante el trueno en la continuación de su sonido. Que el trueno y el relámpago no están separados, tampoco se mueven ambos con un espíritu; sin embargo, no están separados.

8. Porque cuando el relámpago resplandece, el trueno hace oír su voz, y el espíritu en un periodo apropiado hace una pausa, haciendo una división igual entre ellos; porque el receptáculo, sobre el que dependen sus periodos, está *suelto* como arena.[2] Cada uno de ellos en una temporada apropiada está restringido con una brida; y son devueltos por el poder del espíritu, lo que así *los* impulsa de acuerdo a la gran extensión de la tierra.

9. Asimismo el espíritu del mar es potente y vigoroso; y un poder igualmente fuerte causa que descienda,[3] de manera que es impulsado y dispersado entre todas las montañas de la tierra. El espíritu de la helada es su ángel; en el espíritu del granizo es un buen ángel; el espíritu de la nieve cesa en su fuerza, y un espíritu solitario está en ello, que asciende de ello como vapor, y se llama refrigeración.

10. El espíritu de la neblina también habita con ellos en su receptáculo; pero tiene un receptáculo propio; porque su progreso está en esplendor.

---

[1] *Sus huestes.*
[2] *el receptáculo de sus tiempos es lo que es la arena.*
[3] *lo devuelve con un freno.*

11. En la luz, y en la oscuridad, en invierno y en verano. Su receptáculo es brillante, y un ángel está *en él*.

12. El espíritu del rocío *tiene* su habitación en los confines del cielo, en conexión con el receptáculo de la lluvia; viaja en invierno o en verano. La nube que produce y la nube de la neblina, se unen; la una da a la otra; y cuando el espíritu de la lluvia se mueve y sale de su receptáculo, los ángeles vienen, abren su receptáculo y lo dejan salir.

13. Asimismo cuando se derrama sobre toda la tierra, forma una unión con todo tipo de agua en el suelo; porque las aguas permanecen en el suelo, debido a que *permiten* para la tierra nutrimento proveniente del Altísimo, que está en el cielo.

14. Por lo tanto, tomando esto en cuenta, hay una regulación en la cantidad de la lluvia,[1] y que los ángeles reciben.

15. Vi estas cosas; todas ellas, incluso el paraíso.[2]

Capítulo 60

1. En esos días vi unas cuerdas largas que se les dieron a esos ángeles; y ellos recurrieron a sus alas y volaron, avanzando hacia el norte.

2. Le pregunté al ángel diciendo: ¿Por qué han tomado esas cuerdas largas y se han ido? Él dijo: Se han ido a medir.

3. El ángel, que iba conmigo, dijo: Éstas son las medidas de los justos y las cuerdas traerán a los justos, para que ellos puedan confiar[3] en el nombre del Señor de los espíritus por los siglos de los siglos.

4. Los elegidos comenzarán a residir con los elegidos.

---

[1] *una medida en la lluvia.*
[2] *incluso el jardín de los justos.*
[3] *apoyarse.*

5. Y ésas son las medidas que serán dadas para fe, y *que* fortalecerán las palabras de justicia.

6. Estas medidas revelarán todos los misterios de las profundidades de la tierra.

7. Y *se cumplirá,* que los que han sido destruidos en el desierto, y que han sido devorados por los peces del mar, y por las fieras, regresarán, y confiarán[1] en el día del Elegido, porque ninguno perecerá en la presencia del Señor de los espíritus, ni nadie podrá perecer.

8. Entonces ellos recibirán el mandamiento, todos *los que* estaban en lo alto de los cielos, a quienes se dio una combinación de poder, voz, y esplendor, como fuego.

9. Y primero, con *su* voz, ellos lo bendijeron, lo ensalzaron, lo alabaron con sabiduría, y le atribuyeron sabiduría con la palabra y con el aliento de vida.

10. Entonces el Señor de los espíritus colocó sobre el trono de su gloria al Elegido.

11. Quien juzgará todas las obras de los santos, en lo alto del cielo, y él pesará sus acciones en una balanza. Y cuando él levantó su rostro para juzgar sus formas secretas en la palabra del nombre del Señor de los espíritus y su progreso en el camino del juicio justo de Dios el altísimo;

12. Ellos hablarán con una sola voz; y bendecirán, glorificarán, exaltarán y alabarán, en el nombre del Señor de los espíritus.

13. Él convocará a todos los poderes de los cielos, a todos los santos que están arriba, al poder de Dios. A los Querubines, los Serafines, y los Ofanines, todos los ángeles de poder, todos los ángeles de los Señores, es decir, del Elegido y del otro Poder, que *estuvo* en la tierra sobre el agua ese día.

---

[1] *Se apoyarán.*

14. Ellos elevarán una sola voz; bendecirán, glorificarán, alabarán y exaltarán con el espíritu de la fe, con el espíritu de sabiduría y paciencia, con el espíritu de misericordia, con el espíritu de justicia y paz, y con el espíritu de benevolencia; todos dirán a una sola voz: Bendito es Él; y bendito sea el nombre del Señor de los espíritus por los siglos de los siglos; todos, los que no duermen, lo bendecirán en lo alto del cielo.

15. Y todos los santos que están en el cielo lo bendecirán; todos los elegidos que habitan en el jardín de la vida; y todo espíritu de luz, que sea capaz de bendecir, glorificar, ensalzar y alabar tu santo nombre; y todo hombre mortal,[1] más que los poderes *del cielo,* glorificará y bendecirá tu nombre por los siglos de los siglos.

16. Porque grande es la misericordia del Señor de los espíritus; él es paciente; y todas sus obras, todo su poder, grandiosas como son las cosas que él ha hecho, se las ha revelado a los santos y a los elegidos, en nombre del Señor de los espíritus.

Capítulo 61

1. Así ordenó el Señor a los reyes, a los príncipes, a los dignatarios y a todos los que viven sobre la tierra, diciendo: Abran los ojos y levanten sus cuernos, si son capaces de comprender al Elegido.

2. El Señor de los espíritus se sentó en el trono de su gloria.

3. Y el espíritu de justicia se esparció sobre Él.

4. La palabra de su boca destruirá a todos los pecadores e impíos, que perecerán en su presencia.

---

[1] *todos los de carne.*

5. En ese día todos los reyes, los príncipes, los dignatarios, y aquellos que poseen la tierra se levantarán, verán y percibirán, que él está sentado en el trono de su gloria; que ante él los santos serán juzgados con justicia;

6. Y que nada, que se diga ante él, se *dirá* en vano.

7. La preocupación vendrán sobre ellos, como a una mujer en un parto, cuando la labor es difícil, cuando su hijo viene por la abertura de la matriz, y ella encuentra que es difícil dar a luz.

8. Una parte de ellos se mirarán los unos a los otros. Estarán asombrados y bajarán la mirada;

9. Y la preocupación se apoderará de ellos cuando vean a este Hijo de mujer sentarse sobre el trono de su gloria.

10. Entonces los reyes, los príncipes, y todos los que poseen la tierra, glorificarán a quien reina sobre todas las cosas, a quien estaba oculto; porque desde el principio el Hijo del Hombre existió en secreto,[1] a quien el Altísimo preservó en la presencia de su poder, y lo reveló a los elegidos.

11. Él sembrará la congregación de los santos y de los elegidos; y todos los elegidos estarán de pie ante él en ese día.

12. Todos los reyes, los príncipes, los dignatarios, y todos los que gobiernan la tierra caerán ante Él sobre sus rostros, y lo adorarán.

13. Pondrán sus esperanzas en este Hijo del hombre, le suplicarán, y le pedirán misericordia.

14. Entonces, el Señor de los espíritus se apresurará para expulsarlos de su presencia. Sus rostros estarán llenos de confusión, y las tinieblas se acumularán[2] sobre sus rostros. Los ángeles los llevarán a que los castiguen, para ejecutar la

---

[1] *fue ocultado.*

[2] *se añadirá a sus rostros.*

venganza porque han oprimido a los hijos y a los elegidos de él. Y ellos se convertirán en un ejemplo para los santos y para los elegidos. A través de ellos, éstos se alegrarán; porque la ira del Señor de los espíritus cayó sobre ellos.

15. Luego la espada del Señor se emborrachará con la sangre de ellos;[1] pero los santos y los elegidos estarán a salvo ese día; y nunca más le verán la cara a los pecadores ni a los impíos.

16. El Señor de los espíritus permanecerá sobre ellos.

17. Y con este Hijo del Hombre residirán, comerán, descansarán y se levantarán por los siglos de los siglos.

18. Los santos y los elegidos se han levantado de la tierra, dejarán de estar cabizbajos y se vestirán con prendas de vida. Tales serán las prendas de vida del Señor de los espíritus, en cuya presencia tu ropa no envejecerá y ni disminuirá tu gloria.

Capítulo 62

1. En esos días los reyes que poseen la tierra serán castigados por los ángeles de su ira,[2] donde quiera que hayan sido entregados, para que les den un poco de descanso; y puedan postrarse y adorar al Señor de los espíritus, confesando sus pecados ante él.

2. Ellos bendecirán y glorificarán al Señor de los espíritus, diciendo: Bendito es el Señor de los espíritus, el Señor de reyes, el Señor de los príncipes, el Señor de los ricos, el Señor de gloria, y el Señor de sabiduría.

3. Él iluminará todo misterio.

---

[1] *se emborrachará de ellos.*
[2] *castigo.*

4. Tu poder es de generación en generación; y tu gloria por los siglos de los siglos;

5. Profundos son todos tus secretos e innumerables; y tu justicia no se puede calcular.

6. Ahora sabemos, que debemos glorificar y bendecir al Señor de los reyes, aquel que es Rey sobre todas las cosas.

7. Y ellos también dirán: ¿Quién nos ha otorgado descanso para glorificar, alabar, bendecir y confesar en la presencia de su gloria?

8. Y ahora es pequeño el descanso que queremos; pero no *lo* encontramos; rechazamos y no *lo* obtenemos. La luz se desvanece ante nosotros y las tinieblas *han cubierto* nuestros tronos por siempre.

9. Porque no hemos confesado ante él; no hemos glorificado el nombre del Señor de los reyes, no hemos glorificado al Señor en todas sus obras; pero hemos confiado en el cetro de nuestro reinado y de nuestra gloria.

10. En el día de nuestro sufrimiento y tribulación Él no nos salvará, ni encontraremos descanso. Confesamos que nuestro Señor es fiel en todas sus obras, en todos sus juicios y en su justicia.

11. En sus juicios, no le presenta sus respetos a las personas; y debemos apartarnos de su presencia, a causa de *nuestras malévolas* obras.

12. Y todos nuestros pecados en verdad son innumerables.

13. Después ellos se dirán: Nuestras almas están saciadas con los instrumentos de crimen.

14. Pero eso no nos impide descender a la matriz ardiente del infierno.

15. Luego, sus rostros estarán llenos de oscuridad y confusión ante el Hijo del hombre; de cuya presencia serán expulsados, y ante quien permanecerá la espada para expulsarlos.

16. Así dijo el Señor de los espíritus: Ésta es la sentencia y el juicio contra los príncipes, los reyes, los dignatarios y aquellos que poseen la tierra, en la presencia del Señor de los espíritus.

Capítulo 63

También vi otros rostros en ese lugar secreto. Oí la voz de un ángel, diciendo: Estos son los ángeles que descendieron desde el cielo sobre la tierra, y le han revelado misterios a los hijos de los hombres, y han seducido a los hijos de los hombres para cometer pecados.

Capítulo 64 [Sección 11[1]]

1. En esos días Noé vio que la tierra se inclinó, y que la destrucción se aproximaba;

2. Luego levantó los pies, y se fue hasta los confines de la tierra; a la morada de su bisabuelo Enoc.

3. Y Noé gritó con voz amargada: Escúchame; escúchame; escúchame: tres veces. Y él dijo: Dime qué es lo que está pasando sobre la tierra; porque la tierra se afana y la sacuden con violencia. Seguramente yo pereceré con ella.

4. Después de esto hubo una gran sacudida sobre la tierra, y una voz se hizo oír desde el cielo. Y yo caí sobre mi rostro, cuando vino mi bisabuelo Enoc y se mantuvo cerca de mí.

5. Él me dijo: ¿Por qué me has gritado con amargura y lamentación?

6. El Señor dio una orden en contra de los que habitan en la tierra, para que pudieran ser destruidos;[2] porque ellos cono-

---

[1] Los capítulos 64, 65, 66 y el primer versículo del 67 evidentemente contienen una visión de Noé, y no de Enoc.

[2] *Para que fuera su fin.*

cen todos los misterios de los ángeles, todo el poder opresivo y secreto de los demonios,[1] y todo poder de los que realizan hechicería, así como el de aquellos que hacen *imágenes* fundidas en toda la tierra.

7. Ellos *saben* cómo se produce la plata del polvo de la tierra, y cómo existe la gota *metálica* en la tierra; porque el plomo y el estaño no se producen de la tierra, como fuente primaria de su producción.

8. Hay un ángel de pie sobre ella, y ese ángel lucha por prevalecer.

9. Posteriormente, mi bisabuelo Enoc me tomó con su mano, me levantó y me dijo: Vete, porque le he preguntado al Señor de los espíritus sobre esta sacudida de la tierra; quien respondió: Por causa de la injusticia de ellos sus innumerables juicios se han consumado ante mí. Ellos han preguntado acerca de las lunas, y han sabido que la tierra perecerá con aquellos que habitan en ella, y que para éstos *no* habrá nunca un *lugar de* refugio.

10. Ellos han descubierto misterios, y *ellos son* los que han sido juzgados; pero no tú, hijo mío. El Señor de los espíritus sabe que eres puro y bueno, *libre* del reproche de *descubrir* misterios.

11. Él, el Santo, establecerá tu nombre entre los santos y te preservará de entre los que viven sobre la tierra. Él establecerá tu simiente en la justicia, con dominio y gran gloria;[2] y de tu simiente surgirán[3] innumerables hombres justos y santos por siempre.

---

[1] *los Satanes.*
[2] *para reyes, y para gran gloria.*
[3] *saldrá una fuente de.*

Capítulo 65

1. Después me mostró a los ángeles de castigo, que estaban preparados para venir, y para abrir todas las aguas[1] poderosas que están debajo de la tierra.
2. Para que ellos pudieran estar para el juicio, y para la destrucción de todos aquellos que permanecen y habitan en la tierra.
3. Y el Señor de los espíritus les ordenó a los ángeles que salieran, no para encargarse de los hombres y *preservarlos*.
4. Porque esos ángeles *presidían* sobre todas las aguas poderosas. Entonces me retiré de la presencia de Enoc.

Capítulo 66

1. En esos días la palabra de Dios vino a mí,[2] y dijo: Noé, mira, tu destino[3] ha ascendido hasta mí, un destino carente de crímenes,[4] un destino amado,[5] un destino de rectitud.
2. Entonces ahora los ángeles trabajarán con los árboles; pero cuando ellos procedan con esto, yo pondré mi mano sobre ello, y lo preservaré.
3. La semilla de vida surgirá[6] de ella y ocurrirá[7] un cambio para que la tierra seca no quede desocupada. Yo estableceré tu simiente ante mí por los siglos de los siglos, y la simiente de aquellos que habitan contigo en la superficie de la tierra. Será bendecida y multiplicada en la presencia de la tierra en el nombre del Señor.

---

[1] *el poder del agua.*
[2] *estaba conmigo.*
[3] *porción.*
[4] *fallas.*
[5] *de amor.*
[6] *será.*
[7] *se producirá.*

4. Y ellos confinarán a esos ángeles que mostraron impiedad. En este valle ardiente *es donde serán confinados,* lo que al principio me mostró mi bisabuelo Enoc en el occidente, donde había montañas de oro y plata, de hierro, de metal fluido, y de estaño.

5. Vi ese valle en el que hubo una gran perturbación, y *donde* las aguas estaban agitadas.

6. Y cuando todo esto ocurrió, de la masa fluida de fuego, y la agitación que prevalecía,[1] en ese lugar, ahí se produjo un fuerte olor a azufre, que se mezcló con las aguas; y el valle de los ángeles, que habían sido culpables de la seducción, ardía bajo el suelo.

7. A través de ese valle también fluían[2] ríos de fuego, donde serán condenados esos ángeles, que sedujeron a los habitantes de la tierra.

8. Y en esos días esas aguas serán para los reyes, para los príncipes, para los dignatarios, y para los habitantes de la tierra, para la curación del alma y del cuerpo y para el juicio del espíritu.

9. Sus espíritus estarán llenos de jolgorio,[3] y se les podrá juzgar en sus cuerpos; porque ellos han negado al Señor de los espíritus, y *aunque* ellos perciben su condena día con día, no creen en el nombre del Señor de los espíritus.

10. Y como sus cuerpos se quemarán tanto, así sufrirán un cambio sus espíritus por siempre.

11. Porque ninguna palabra que se exprese ante el Señor de los espíritus será en vano.

---

[1] *los afligía.*
[2] *iban.*
[3] *diversión.*

12. El juicio vendrá sobre ellos, porque ellos confiaron en su jolgorio carnal,[1] y negaron al Señor de los espíritus.

13. En esos días las aguas de ese valle[2] serán cambiadas; porque cuando se juzgue a los ángeles, entonces el calor de esas fuentes de agua experimentarán una alteración.

14. Y cuando los ángeles asciendan, el agua de las fuentes sufrirán *de nuevo* un cambio, y se congelarán. Entonces oí al santo Miguel responder y decir: Este juicio en el que se juzgarán a los ángeles, es un testimonio contra los reyes, los príncipes, y aquellos que poseen la tierra.

15. Porque estas aguas del juicio serán para su curación, y para la muerte de sus cuerpos. Pero ellos no percibirán y creerán que las aguas serán cambiadas, y se convertirán en un fuego, que arderá por siempre.

Capítulo 67

1. Después de eso él me dio las marcas[3] características de todos los misterios en un libro de mi bisabuelo Enoc, y en las parábolas que le habían sido dadas; insertándolas para mí entre las palabras del libro de las parábolas.

2. En ese tiempo el santo Miguel respondió y le dijo a Rafael: El poder del espíritu me transporta de prisa y me impulsa hacia adelante.[4] La severidad del juicio, del juicio por los secretos de los ángeles, ¿quién podrá *mirar* (soportar esa rigurosa sentencia que ha sido ejecutada y que se ha vuelto permanente) sin deshacerse a la vista de ello?[5] El santo Miguel respondió y le dijo al santo Rafael: ¿Existe alguien

---

[1] *la diversión de sus cuerpos.*
[2] *sus aguas.*
[3] *signos.*
[4] *me irrita* o *me anima.*
[5] *y no deshacerse en la presencia de ello.*

cuyo corazón no se suavice por esto y cuyo control no se turbe por esto?

3. Se ha realizado un juicio en contra de ellos por parte de aquellos que se los llevaron de esta manera; y así fue, cuando estuvieron en la presencia del Señor de los espíritus.

4. En forma semejante el santo Rakael le dijo a Rafael: Ellos no estarán ante los ojos del Señor, pues el Señor de los espíritus está ofendido con ellos; porque se han conducido como Señores.[1] Por lo tanto, él les hará un juicio por los secretos por los siglos de los siglos.

5. Porque ni ángel ni hombre recibirán su porción, pero ellos solos recibirán sus juicios por los siglos de los siglos.

Capítulo 68

1. Después de este juicio ellos estarán asombrados e irritados; porque eso se les mostrará a los habitantes de la tierra.

2. Mira los nombres de esos ángeles. Éstos son sus nombres. El primero de ellos es Samyaza; el segundo, Arstikafa; el tercero, Armen; el cuarto, Kakabael; el quinto, Turel; el sexto, Rumyel; el séptimo, Danyal; el octavo, Kael; el noveno, Barakel; el décimo, Azazel; el décimo primero, Armers; el décimo segundo, Bataryal; el décimo tercero, Basasael; el décimo cuarto, Ananel; el décimo quinto, Turyal; el décimo sexto, Simapiseel; el décimo séptimo, Yetarel; el décimo octavo, Tumael; el décimo noveno, Tarel; el vigésimo, Rumel; el vigésimo primero, Azazyel.

3. Éstos son los jefes de sus ángeles, y los nombres de los líderes de sus centenas, y los líderes de sus cincuentenas, y los líderes de sus decenas.

---

[1] *en forma similar que,* o, *como el Señor.*

4. El nombre del primero es Yekun: él fue el que sedujo a todos los hijos de los santos ángeles; y causando que ellos descendieran a la tierra, sedujo a los hijos de los hombres.

5. El nombre del segundo es Kesabel, que dio mal consejo a los hijos de los santos ángeles, y los indujo a corromper sus cuerpos generando a la humanidad.

6. El nombre del tercero es Gadrel: él mostró a los hijos de los hombres todas las formas de dar muerte.

7. Él sedujo a Eva; y él les mostró a los hijos de los hombres los instrumentos de muerte, la cota de malla, el escudo, y la espada para la matanza; todo instrumento de muerte a los hijos de los hombres.

8. De su mano se canalizaron *estas cosas* para aquellos que habitaban la tierra, desde ese periodo y para siempre.

9. El nombre del cuarto es Penemue: él les mostró a los hijos de los hombres lo amargo y lo dulce;

10. Y les mostró todos los secretos de su sabiduría.

11. Él les enseñó a los hombres a comprender la escritura, y *el uso* de la tinta y papel.

12. Por lo tanto, han sido numerosos los que se han descarriado a partir de todo periodo del mundo, incluso hasta este día.

13. Porque los hombres no nacieron para esto, de esta forma con pluma y con tinta para confirmar su fe;

14. Ya que no fueron creados, excepto que, como los ángeles, podrían haber permanecido puros y justos.

15. Ni los hubiera afectado la muerte, que lo destruye todo.

16. Pero por su conocimiento ellos perecen, y mediante esto *los* consume[1] el poder *de ello*.

---

[1] *se los come, se alimenta, los devora.*

17. El nombre del quinto es Kasyade: él le mostró a los hijos de los hombres toda acción malévola de los espíritus y los demonios:

18. La acción sobre el embrión en el vientre, para disminuir*lo*; la acción del espíritu *por* la mordedura de serpiente, y la acción que se *da* a mediodía *por* el hijo de la serpiente cuyo nombre es Tabaet.[1]

19. Éste es el número de Kesbel; la parte principal del juramento que el Altísimo, que habita en la gloria, les mostró a los santos.

20. Su nombre es Beka. Él le dijo al santo Miguel que le revelara el nombre secreto, para que ellos pudieran comprender ese nombre secreto, y así recordar el juramento; y que aquellos que han revelado todo misterio a los hijos de los hombres, pudieran temblar ante ese nombre y juramento.

21. Éste es el poder de ese juramento; porque es poderoso, y fuerte.

22. Y él estableció este juramento de Akae por medio[2] del santo Miguel.

23. Éstos son los secretos de este juramento, y mediante él se confirmaron.

24. El cielo quedó suspendido *por ello* antes que el mundo fuera creado, por siempre.

25. Por eso la tierra ha sido cimentada sobre la inundación; mientras que de las partes ocultas de las colinas las aguas agitadas avanzaron desde la creación hasta el fin del mundo.

26. Por este juramento el mar ha sido creado, y su cimiento.

27. Durante el periodo de la furia de *ello*, él ha establecido la arena contra ello, que continua sin cambio por siempre; y

---

[1] *masculino.*
[2] *por las manos.*

por este juramento el abismo se ha vuelto fuerte y no se mueve de su sitio por los siglos de los siglos.

28. Por este juramento el sol y la luna completan su ruta, sin apartarse de la orden que se les *dio* por los siglos de los siglos.

29. Por juramento las estrellas completan su ruta;

30. Y cuando se mencionen sus nombres, ellas dan su respuesta, por los siglos de los siglos.

31. Así *en* los cielos *ocurre* el movimiento de los vientos: todos ellos tienen respiraciones,[1] y *efectúan* una combinación completa de respiraciones.

32. Allí se preservan los tesoros del trueno y el resplandor del relámpago.

33. Allí se preservan los tesoros del granizo y de la escarcha, los tesoros de la nieve, los tesoros de la lluvia y del rocío.

34. Todos éstos confiesan y alaban al Señor de los espíritus.

35. Glorifican con todo el poder de la alabanza; y él los mantiene en toda esa *acción de* gracias; mientras ellos alaban, glorifican y ensalzan el nombre del Señor de los espíritus por los siglos de los siglos.

36. Y con ellos él establece este juramento, a través del cual ellos y sus senderos son preservados; y su progreso no perece.

37. Grande fue su alegría.

38. Ellos bendijeron, glorificaron y ensalzaron, porque se les había revelado el nombre del Hijo del hombre.

39. Él se sentó en el trono de su gloria; y la parte principal del juicio se le asigno a él, al Hijo del hombre. Los pecadores desaparecerán y perecerán de la faz de la tierra, mientras que aquellos que los sedujeron quedarán sujetos con cadenas por siempre.

---

[1] o *espíritus.*

40. De acuerdo a su nivel de corrupción se les apresará, y todas sus obras desaparecerán de la faz de la tierra; y a partir de ahí no habrá nadie a quien corromper; por que el Hijo del hombre ha sido visto, sentado en el trono de su gloria.

41. Todo lo malo desaparecerá y se alejará de su rostro; y la palabra del Hijo del hombre se volverá poderosa en la presencia del Señor de los espíritus.

42. Ésta es la tercera parábola de Enoc.

Capítulo 69 [Sección 12[1]]

1. Después de esto el nombre del Hijo del hombre, viviendo con el Señor de los espíritus,[2] fue alabado por los habitantes de la tierra;

2. Fue alabado en los carros del Espíritu; y el nombre avanzó entre ellos.

3. Desde ese día no fui contado entre ellos, sino que él me sentó entre dos espíritus, entre el norte y el occidente, donde los ángeles recibieron sus cuerdas, para medir un lugar[3] para los elegidos y los justos.

4. Allí vi a los padres de los primeros hombres, y a los santos, que habitan por siempre en ese lugar.

Capítulo 70

1. Posteriormente mi espíritu fue escondido, ascendiendo a los cielos. Vi a los hijos de los santos ángeles que caminaban sobre llamas de fuego, sus ropas y togas eran blancas y sus rostros eran transparentes como el cristal.

2. Vi dos ríos de fuego brillando como el jacinto.

---

[1] Manuscrito de París.

[2] *el nombre de él viviendo con él, de este Hijo del hombre, viviendo con el Señor de los espíritus.*

[3] *para medir un lugar para mí.*

3. Entonces caí sobre mi rostro ante el Señor de los espíritus.

4. Y Miguel, uno de los arcángeles, me tomó de la mano derecha, me levantó y me condujo *a* donde *estaban* todos los misterios *de* la misericordia y los misterios *de* la justicia.

5. Él me mostró todas las cosas ocultas de los confines del cielo, todos los receptáculos de las estrellas, y los resplandores de todas, desde donde avanzan ante el rostro de los santos.

6. Y él ocultó el espíritu de Enoc en el cielo de los cielos.

7. Ahí vi, en medio de esa luz, un edificio erigido con piedras de hielo;[1]

8. Y vibraciones de fuego vivo en medio de estas piedras. Mi espíritu vio alrededor del[2] círculo de esta habitación en llamas, en unos de sus extremos, *que ahí había* ríos de fuego vivo, que la rodeaban.

9. Entonces los Serafines, los Querubines y los Ofanines, *la* rodearon; éstos son los que nunca duermen, sino que vigilan el trono de la gloria de él.

10. Vi innumerables ángeles, miles de miles, miríadas de miríadas, rodeando esa edificación.

11. Miguel, Rafael, Gabriel, Sariel y los santos ángeles que estaban arriba en los cielos, entraron y salieron de ella. Miguel, Rafael, y Gabriel salieron de esa habitación, y los innumerables santos ángeles.

12. Con ellos *estaba* el Anciano de Días, su cabeza era blanca como algodón, y pura, y su toga *era* indescriptible.

13. Entonces caí sobre mi rostro, mientras toda mi carne se disolvía, y mi espíritu fue transfigurado.

---

[1] *que en él había aquello que estaba construido con piedras de hielo.*
[2] *lenguas.*

14. Grité con voz fuerte, con espíritu poderoso, y bendije, alabé y exalté.

15. Y esas bendiciones que salieron de mi boca fueron consideradas aceptables en la presencia del Anciano de Días.

16. El Anciano de Días vino con Miguel y Gabriel, Rafael y Sariel, con miles de miles, y miríadas de miríadas, que no se podían enumerar.

17. Entonces ese ángel vino a mí, me saludó con su voz, diciendo: Eres el retoño del hombre, que ha sido engendrado para la justicia, la justicia reside sobre ti,

18. La justicia del Anciano de Días no te abandonará.

19. Él dijo: En ti él proclamará la paz[1] en el nombre del mundo existente; porque desde allí ha provenido la paz desde que se creó el mundo.

20. Y así la paz estará sobre ti por los siglos de los siglos.

21. Todo el que exista, y que ande por tu camino de justicia, no te abandonará jamás.

22. Sus habitaciones estarán contigo. Su destino estará contigo; y ellos no se separarán de ti por los siglos de los siglos.

23. Serán muchos días con este retoño del hombre.

24. La paz estará con los justos; y el camino de la integridad lo seguirán[2] los justos, en el nombre del Señor de los espíritus, por los siglos de los siglos.

Capítulo 71 [Sección 13[3]]

1. El libro de las revoluciones de las luminarias del cielo, de acuerdo con sus clases respectivas, sus poderes respectivos, sus periodos respectivos, sus nombres respectivos, los luga-

---

[1] *él llamará la paz para ti.*

[2] *el camino recto de él* será *para los justos.*

[3] Manuscrito de París.

res donde comienzan su progreso,[1] y sus meses respectivos, que me explicó Uriel, el santo ángel que estaba conmigo y que me guía. Toda la descripción de ellas, de acuerdo a cada año del mundo por siempre, hasta que se realice una nueva obra, que será eterna.

2. Ésta es la primera ley de las luminarias. El sol *y* la luz llegan a los portales del cielo, que están en el oriente, y al occidente de él en los portales occidentales del cielo.

3. Vi los portales por donde el sol nace y los portales donde el sol se oculta;

4. En cuyos portales también la luna nace y *yo vi* a los conductores de las estrellas, entre aquellos que los preceden; seis portales estaban en el nacimiento, y seis en el ocaso del sol.

5. Todos estos respectivamente, uno tras otro, estaban en un nivel; y numerosas ventanas están a la derecha y a la izquierda de esos portales.

6. Primero allí aparecía esa gran luminaria, cuyo nombre es el sol y cuyo orbe es como el orbe del cielo y está totalmente lleno de un fuego espléndido y ardiente.

7. Cuando asciende, el viento sopla su carro.

8. El sol se oculta en el cielo, y, retorna por el norte, para avanzar hacia el este, y se le conduce de esta manera para entrar por ese portal, e iluminar el rostro del cielo.

9. En esta misma forma nace en el primer mes por el gran portal.

10. Nace por el cuarto de esos seis portales, que están en el nacimiento del sol.

11. Y en el cuarto portal, a través del que nace el sol con la luna, en su primera parte, hay doce ventanas abiertas, de las cua-

---

[1] *los lugares de su nacimiento.*

les procede una llama, cuando están abiertas en sus periodos apropiados.

12. Cuando el sol nace en el cielo, viene desde esa cuarta puerta por treinta días, y por la cuarta puerta en el occidente del cielo a un nivel en el que desciende.

13. Durante este periodo cada día llega a ser más largo que el anterior y cada noche llega a ser más corta que la anterior por treinta días. En ese momento el día es más largo por dos partes que la noche.

14. El día tiene precisamente diez partes y la noche tiene ocho.

15. El sol[1] nace por ese cuarto portal, y se oculta en él, y se dirige al quinto portal durante treinta días; después de lo cual nace, y se pone por la quinta puerta.

16. Entonces el día se alarga por una segunda porción, de manera que tiene once partes; mientras que la noche se acorta y tiene sólo siete partes.

17. El sol *ahora* retorna al oriente y entra en el sexto portal, y nace y se oculta por el sexto portal durante treinta y un días, de acuerdo a sus signos.

18. En ese periodo el día es más largo que la noche, siendo el doble *de largo que* la noche; y se convierte en doce partes;

19. Pero la noche se acorta y equivale a seis partes. Entonces el sol se eleva, y el día puede acortarse y la noche alargarse.

20. Y el sol regresa al oriente, para entrar por el sexto portal, donde nace y se pone durante treinta días.

21. Cuando se completa ese periodo, el día se acorta precisamente en una parte, de manera que tiene once partes, mientras que la noche tiene siete partes.

22. Entonces el sol sale por el occidente, por ese sexto portal, y va hacia el oriente, y nace por la quinta puerta durante trein-

---

[1] *Y él.*

ta días, y se pone de nuevo en el occidente, por el quinto portal del occidente.

23. En ese periodo el día se acorta en dos partes; y tiene diez partes, mientras que la noche tiene ocho partes.

24. Entonces el sol nace del quinto portal, y se oculta por el quinto portal del occidente; y nace por el cuarto portal durante treinta y un días, a causa de su signo y se oculta por el occidente.

25. En ese periodo el día es igual a la noche, y siendo igual que ella, la noche llega a tener nueve partes, y el día nueve partes.

26. Entonces el sol que nace por esa puerta y se oculta por el occidente; y al regresar al oriente nace por el tercer portal durante treinta días, y se pone al occidente por el tercer portal.

27. En ese periodo la noche se alarga respecto al día durante treinta mañanas, y el día es más corto que el día anterior durante treinta días; la noche equivale precisamente a diez partes, y el día a ocho partes.

28. El sol ahora nace por el tercer portal y se pone por el tercer portal en el occidente; pero regresa para salir por el oriente, nace por el segundo portal en el oriente durante treinta días.

29. En la misma forma se pone por el segundo portal al occidente del cielo.

30. En ese periodo la noche tiene once partes, y el día tiene siete.

31. Entonces el sol sale en ese tiempo por el segundo portal, y se pone al occidente por el segundo portal; pero vuelve al oriente, *naciendo* por el primer portal durante treinta y un días.

32. Y se oculta por el primer portal[1] al occidente.

---

[1] *segundo.* Un error manifiesto. El Manuscrito de París es correcto.

33. En ese periodo la noche se alarga nuevamente hasta alcanzar la longitud del día.

34. Tiene doce[1] partes precisamente, mientras que el día tiene seis.

35. El sol ha completado *de esta forma* sus principios, y hace un segundo recorrido desde estos principios.

36. Entra en ese portal durante treinta días, y se pone al occidente, en la parte opuesta *del cielo*.

37. En ese periodo la noche se contrae una cuarta parte en su longitud, es decir, una porción, y tiene once partes.

38. El día tiene siete partes.

39. Entonces el sol retorna, y entra al segundo portal del oriente.

40. Retorna treinta días por estos principios, naciendo y ocultándose.

41. En ese periodo la noche disminuye en su duración. Se convierte en diez[2] partes y el día en ocho partes. Entonces el sol nace por ese segundo portal y se pone por el occidente; pero retorna al oriente, y nace en el oriente, por el tercer portal, durante treinta y un días, y se pone al occidente del cielo.

42. En ese periodo la noche se acorta. Tiene nueve partes. Y la noche es igual al día. El año tiene precisamente trescientos sesenta y cuatro días.

43. El alargamiento del día y de la noche, y el acortamiento del día y de la noche, se hace que difieran mutuamente por el recorrido del sol.

44. Por este recorrido el día se alarga diariamente y la noche se acorta[3] en gran medida.

---

[1] *once.* Un error del transcriptor. En el Manuscrito de París es *doce.*
[2] *siete.* Otro error.
[3] *se aproxima.*

45. Ésta es la ley y el recorrido del sol, y su giro al volver, gira durante sesenta días,[1] y naciendo. Ésta es la gran luminaria eterna a la que él llama sol, por los siglos de los siglos.

46. Esto es también lo que nace como una gran luminaria, y que se le llama de acuerdo a su clase peculiar, como lo ha ordenado Dios.

47. Así como nace se oculta, sin decrecer ni descansar, sino continuando su recorrido en su carro día y noche. Brilla con una séptima porción de luz respecto a la luna[2]; pero las dimensiones de ambos son iguales.

Capítulo 72 [Sección 14[3]]

1. Después de esta ley, vi otra ley, en una luminaria inferior, cuyo nombre es luna, cuyo orbe es como el orbe del cielo.

2. El viento sopla su carro, *que* asciende en secreto; y la luz se le da con mesura.

3. Cada mes su nacimiento y su puesta se modifican; y sus periodos son como los periodos del sol. Y cuando en forma similar su luz debe existir, su luz es una séptima porción[4] de la luz del sol.

4. Así nace, y su comienzo hacia el oriente nace durante treinta días.

5. En ese tiempo aparece, y para ustedes se convierte en el principio del mes. Treinta días *está* con el sol en el portal por el que el sol nace.

6. La mitad de ella está en la extensión de siete porciones, una *mitad;* y todo su orbe está vacío sin luz, con excepción de

---

[1] Esto es, es sesenta días en los mismos portales, a saber, treinta días dos veces al año.

[2] Brilla siete veces más que la luna. N. de. T.

[3] Manuscrito de París.

[4] *una séptima parte.* N. de. T.

una séptima porción de las catorce porciones de su luz. Y en un día ella recibe una séptima porción, o la mitad de *esa porción,* de su luz. Su luz es por sietes, por una porción, y por la mitad *de una porción.* Se oculta con el sol.

7. Y cuando nace el sol, la luna nace con él; y recibe la mitad de una porción de luz.

8. En esa noche, en el comienzo de su periodo,[1] previamente al día del mes, la luna se oculta con el sol.

9. Y en esa noche está oscura en sus catorce porciones, es decir, *en cada* mitad; pero nace en ese día con una séptima porción precisamente, y en su trayecto se inclina respecto al nacimiento del sol.

10. Durante el resto de su periodo[2] su luz aumenta a catorce porciones.

Capítulo 73

1. Entonces vi otro progreso y regulación que Él efectuó en la ley de la luna.[3] El progreso de las lunas, y todo *lo relacionado con ellas,* Uriel me lo mostró, el santo ángel que conducía a todos.

2. Anoté sus estaciones mientras él me las mostraba.

3. Escribí sus meses, según ocurren, y el aspecto de su luz al nacer y al ocultarse.

4. En cada una de sus dos séptimas porciones, completa toda su luz al nacer y al ocultarse.

5. En meses establecidos ella altera *sus* puestas y en meses establecidos ella sigue su propio curso.

---

[1] *en el principio de su mañana, o día.*

[2] *de su día.*

[3] *en esa ley.*

6. De nuevo ella retorna al portal por donde sale el sol, y completa toda su luz. Entonces declina respecto al sol y entra en ocho días al sexto portal, *y regresa en siete días al tercer portal,* desde el que sale el sol.

7. Cuando el sol sale por el séptimo portal, la *luna* sale por siete días, hasta que nace por el quinto *portal.*

8. Ella retorna en siete días al cuarto portal, y al completar toda su luz, declina, y nace por el primer portal en ocho días;

9. Y retorna en siete días al cuarto portal, desde el que sale el sol.

10. Así vi sus estaciones, de acuerdo al orden fijo de los meses en los que el sol nace y se pone.

11. En esos tiempos hay un excedente de treinta días que le pertenecen al sol en cinco años; todos los días que le pertenecen a cada año de los cinco años, cuando se completan, llegan a trescientos sesenta y cuatro días; y para el sol y las estrellas les pertenecen seis días; seis días en cada uno de los cinco años; *de esta manera* treinta días les pertenecen a ellos;

12. De manera que la luna tiene treinta días menos que el sol y las estrellas.

13. La luna hace que todos los años vengan con exactitud, que sus estaciones puedan llegar sin demasiado adelanto ni demasiado atraso en un solo día; aunque los años se puedan cambiar con precisión correcta entre ciento sesenta y cuatro días. En tres años hay mil noventa y dos días, en cinco años, mil ochocientos veinte días; y en ocho años dos mil novecientos doce días.

14. Para la luna sola sus días en tres años llegan a mil sesenta y dos; en cinco años tiene cincuenta días menos *que el sol,* por una adición que se hace a *mil* sesenta y dos días, en cinco años hay mil setecientos setenta días; y los días de la

luna en ocho años son dos mil ochocientos treinta y dos días.

15. Sus días en ocho años son menos *que los del sol por* ochenta días, esos ochenta días son su disminución en ocho años.

16. El año entonces completa en verdad según la estación de las lunas, y la estación del sol; que salen por *diferentes* portales; que nacen y se ocultan durante treinta días.

Capítulo 74

1. *Éstos son* los líderes de los jefes de los millares, *aquellos* que *presiden* toda la creación, y todas las estrellas; con los cuatro *días* intercalados que se agregan y nunca se apartan del lugar que se les asignó, de acuerdo con el cómputo completo del año.

2. Y estos sirven cuatro días que no se calculan en el cómputo del año.

3. Respecto a ellos, los hombres se equivocan, pues estas luminarias prestan servicio en verdad, en la mansión del mundo, un *día* en el primer portal, uno en el tercer portal, uno en el cuarto y uno en el sexto portal.

4. Y la armonía del mundo se cumple cada trescientos sesenta y cuatro estados de ello. Por los signos,

5. Las estaciones,

6. Los años.

7. Y los días, Uriel me los mostró; el ángel a quien el Señor de gloria nombró sobre todas las luminarias.

8. De cielo en cielo, y en todo el mundo; para que ellas puedan gobernar en la faz del cielo, y aparecer sobre la tierra y se convierten.

9. En conductores de los días y las noches: el sol, la luna, las estrellas y todos los ministros del cielo, que recorren sus circuitos con todos los carros del cielo.

10. De la misma forma Uriel me mostró doce portales abiertos para el circuito de los carros del sol en el cielo, de donde salen los rayos del sol.

11. De éstos proviene el calor sobre la tierra, cuando se abren en las estaciones que le son asignadas. Ellas sirven también para los vientos, para el espíritu del rocío, cuando se abren en sus temporadas; se abren en los confines del cielo.

12. Vi doce portales en el cielo, en los confines de la tierra, a través de las que salen el sol, la luna y las estrellas y toda creación del cielo, al nacer y al ocultarse.

13. También están abiertas muchas ventanas a su derecha y a su izquierda.

14. Una ventana en una *cierta* estación se calienta demasiado. Así que también hay portales desde los que salen las estrellas como se les ordena, y en los que de acuerdo a su número se ponen.

15. Asimismo vi carros en los cielos, que recorren el mundo por encima de esos portales en los que giran las estrellas, que no se ocultan. Uno de estos es más grande que todos, que le da la vuelta al mundo entero.

Capítulo 75 [Sección 15[1]]

1. Y en los confines de la tierra vi doce portales abiertos para todos los vientos, por los que salen y soplan sobre la tierra.

2. Tres de ellos están abiertas en el frente del cielo, tres al occidente, tres a la derecha del cielo y tres a la izquierda. Las tres primeras son las que están al oriente, las tres siguientes al sur, las tres siguientes al norte y las tres siguientes al occidente.

---

[1] Manuscrito de París.

3. Por cuatro de ellos salen los vientos de bendición y de salud; y por ocho salen los vientos de castigo; que cuando son enviados destruyen la tierra, y el cielo arriba de ella, a todos sus habitantes, y a todo lo que está en las aguas, o en la tierra seca.

4. El primero de estos vientos sale por el portal llamado el oriental, a través del primer portal en el este y se inclina hacia el sur. Por allí sale la destrucción, la sequía, el calor y la perdición.

5. Del segundo portal, el de en medio, procede la equidad. De ahí sale la lluvia, la abundancia de frutos, la salud y el rocío; y por el tercer portal hacia el norte, sale el frío y la sequía.

6. Después de éstos salen los vientos del sur a través de tres portales principales; a través de su primer portal, que se inclina hacia el este, sale un viento cálido.

7. Pero del portal de en medio sale un aroma agradable, rocío, lluvia, salud y vida.

8. Por el tercer portal, que se dirige al occidente, sale el rocío, la lluvia, la plaga y la destrucción.

9. Después de estos están los vientos hacia el norte, que se llama el mar. *Salen* de tres portales. El primer[1] portal *es aquel* que está hacia el oriente, inclinándose hacia el sur; de éste sale el rocío, la lluvia, la plaga y la destrucción. Del portal de en medio sale directamente la lluvia, el rocío, la vida y la salud. Y del tercer portal, que se dirige hacia el occidente, inclinándose hacia el sur,[2] viene la niebla, la escarcha, la nieve, la lluvia, el rocío y la plaga.

10. Después de éstos *en la* cuarta *área* están los vientos de occidente. Del primer portal, que se inclina hacia el norte, sale

---

[1] *séptimo.* Posiblemente el séptimo que se enumera.
[2] *el norte.* Un error en ambos Manuscritos.

el rocío, la lluvia, la escarcha, el frío, la nieve y la helada;
del portal de en medio sale la lluvia, la salud, y la bendición;

11. Y del último portal que se dirige hacia el sur, sale la sequía, la destrucción, la quema y la perdición.

12. Se acaba la *descripción de los* doce portales de los cuatro cuartos del cielo.

13. Todas sus leyes, toda su *aplicación* de castigo y la salud *producida* por ellas, te las he explicado aquí, hijo mío Matusalén.

Capítulo 76

1. Al primer viento lo llaman el oriental, porque es el primero.

2. Al segundo lo llaman el sur, porque allí desciende el Altísimo, y con frecuencia desciende ahí *el que* es bendito por siempre.

3. El viento occidental tiene el nombre de disminución, porque ahí todas las luminarias del cielo disminuyen y se ocultan.

4. El cuarto viento que se llama el norte, se divide en tres partes; uno de las cuales es para la habitación del hombre; otra es para mares de agua, con valles, bosques, ríos, lugares sombreados y nieve; y la tercera parte *contiene* el paraíso.

5. Vi siete montañas altas, más altas que todas las montañas de la tierra, de donde proviene la helada; mientras que los días, las temporadas y los años pasan y se alejan.

6. Vi siete ríos sobre la tierra, mayores que todos los ríos, uno de los cuales sigue su curso desde el oeste; fluye sus aguas hacia un gran mar.

7. Dos provienen del norte hacia el mar, sus aguas fluyen hacia el Mar de Eritrea, en el este. Y con respecto a los cuatro restantes siguen su curso en la cavidad del norte, *dos* hacia

su mar, el mar de Eritrea, y dos se vierten a un gran mar, donde también se dice que *hay* un desierto.

8. Vi siete grandes islas en el mar y la tierra. Siete en el gran mar.

Capítulo 77

1. Los nombres del sol son los siguientes: uno es Aryares y el otro Tomás.

2. La luna tiene cuatro nombres. El primero es Asonya; el segundo, Ebla; el tercero, Benase; y el cuarto, Erae.

3. Éstas son las dos grandes luminarias, sus orbes son como el orbe del cielo; y las dimensiones de ambas son iguales.

4. En el orbe del sol *hay* una séptima porción de luz, que se le agrega con respecto a la luna. Se transfiere con mesura, hasta que se extrae una séptima parte *de la luz* al sol. Se ponen, entran por el portal de occidente, siguen el circuito hacia el norte y pasan por el portal de oriente para nacer sobre la faz del cielo.

5. Cuando la luna se levanta, aparece en el cielo; y la mitad de una séptima porción de luz es todo *lo que está* en ella.

6. En catorce *días* se completa toda su luz.

7. La luz se le introduce *por* tres quíntuples, hasta que su luz está completa *en* quince *días,* de acuerdo con los signos del año; tiene tres quíntuples.

8. La luna tiene la mitad de una séptima porción.

9. Durante su disminución en el primer día su luz disminuye una catorceava parte; en el segundo día disminuye una treceava parte; en el tercer día una doceava parte; en el cuarto día una onceava parte; en el quinto día una décima parte; en el sexto día una novena parte; en el séptimo día disminuye una octava parte; en el octavo día disminuye una séptima parte; en el noveno día disminuye una sexta parte; en el dé-

cimo día disminuye una quinta parte; en el décimo primer día disminuye una cuarta parte; en el décimo segundo día disminuye una tercera parte; en el décimo tercer día disminuye una segunda parte; en el décimo cuarto día disminuye la mitad de una séptima parte; y en el décimo quinto día se consume todo el remanente de su luz.

10. En ciertos meses la luna tiene veintinueve días.

11. También tiene un periodo de veintiocho días.

12. Asimismo Uriel me enseñó otra regla, cuando se transfiere la luz a la luna, cómo se le transfiere desde el sol.

13. Todo el tiempo que la luna está aumentado con su luz, *a ella* se le transfiere en la presencia del sol, hasta que *su* luz se completa en catorce días en el cielo.

14. Y cuando está totalmente extinta, su luz se consume en el cielo; y en el primer día se le llama luna nueva, porque en ese día recibe la luz.

15. Se completa precisamente en el día en que el sol se oculta por el occidente, mientras la luna asciende desde el oriente por la noche.

16. La luna brilla entonces durante toda la noche, hasta que el sol nace frente a ella, cuando la luna a su vez desaparece frente al sol.

17. Cuando llega la luz a la luna, ahí decrece de nuevo, hasta que toda su luz desaparece, y se terminan los días de la luna.

18. Entonces su orbe está solitario sin luz.

19. Por tres meses ella efectúa su periodo en treinta días *cada mes;* y durante tres meses *más* efectúa cada uno en veintinueve días. *Éstos son los tiempos* en los que efectúa su disminución en su primer periodo, y en el primer portal, *es decir,* en ciento setenta y siete días.

20. Y en el tiempo de su nacimiento ella aparece por tres meses de treinta días cada uno y por tres meses *más* aparece veintinueve días cada uno.

21. En la noche ella aparece cada veinte *días* como *el rostro de* un hombre, y en el día como cielo; porque no es nada más excepto su luz.

Capítulo 78

1. Y ahora, hijo mío, Matusalén, te he enseñado todo; y ha concluido *la narración de* toda ley de las estrellas del cielo.

2. Él me ha enseñado cada ley respecto a ellas, que *ocurre* en todo momento y en todas las estaciones bajo toda influencia, en todos los años, a la llegada y bajo la regla de cada una, durante todos los meses y todas las semanas. *Él me enseñó* también el menguante de la luna, que se realiza en el sexto portal; porque en ese sexto portal se consume su luz.

3. A partir de esto es el principio del mes; y su menguante se efectúa en el sexto portal en su periodo, hasta que se completen ciento setenta y siete días; de acuerdo al modo de cómputo en semanas,[1] veinticinco *semanas* y dos días.

4. *Su periodo* es menor que el del sol, de acuerdo con la ley de las estrellas, precisamente por cinco días en una mitad de año.[2]

5. Cuando se completa *su* situación visible. Tal es el aspecto y la apariencia de cada luminaria, que me mostró Uriel, el gran ángel que las conduce.

---

[1] *de acuerdo con la ley de la semana.*
[2] *en una vez.*

Capítulo 79

1. En esos días Uriel me respondió y me dijo: Mira, te he mostrado todas las cosas, O Enoc.

2. Y te he revelado todo. Tú ves el sol, la luna y aquellos que conducen las estrellas del cielo, que causan todas sus operaciones, estaciones, y llegadas para regresar.

3. En los días de los pecadores los años serán acortados.

4. Su semilla llegará tarde a su suelo fértil; y todo lo que se haga en la tierra se alterará y desaparecerá en su temporada. La lluvia será retenida y el cielo se quedará inmóvil.

5. En esos días los frutos de la tierra se retrasarán, y no florecerán en su estación; y en su estación los frutos de los árboles serán retenidos.

6. La luna cambiará sus leyes y no aparecerá en su periodo apropiado. Pero en esos días se verá el cielo; la esterilidad ocurrirá en los límites de los grandes carros del occidente. El *cielo* brillará más que *cuando es iluminado según* lo que corresponde al orden de su luz; mientras que muchos jefes entre las estrellas de autoridad se equivocarán, pervirtiendo sus caminos y sus obras.

7. Ésos no aparecerán en su estación, los que las ordenan, y todas las clases de las estrellas serán ocultadas a los pecadores.

8. Los pensamientos de quienes habitan en la tierra cometerán transgresiones dentro de ellos; y ellos equivocarán todos sus caminos.

9. Ellos cometerán transgresiones, y pensarán que ellos mismos son dioses; mientras que el mal se multiplicará entre ellos.

10. Y el castigo llegará contra ellos, de manera que todos ellos serán destruidos.

Capítulo 80

1. Él dijo: O Enoc, mira el libro que el cielo ha dejado caer[1] gradualmente; y, al leer lo que está escrito en él, comprende cada parte de él.

2. Entonces miré todo lo que estaba escrito, y comprendí todo, leyendo el libro y todo lo que estaba escrito en él, todas las obras del hombre;

3. Y de todos los hijos de la carne que están sobre la tierra, durante las generaciones del mundo.

4. En seguida bendije al Señor, el Rey de gloria, que de esta manera ha formado por siempre toda la obra realizada del mundo.

5. Y glorifiqué al Señor, por su paciencia y bendición hacia los hijos del mundo.

6. Entonces dije: Bienaventurado el hombre, que morirá en justicia y bondad, contra el cual no se haya escrito un catálogo de crímenes, y con el que no se encuentra injusticia.

7. Entonces esos tres santos hicieron que me acercara, y me pusieron en la tierra, frente a la puerta de mi casa.

8. Y me dijeron: Explica todo a Matusalén tu hijo; e informa a todos tus hijos, que ninguna carne será justificada ante el Señor; porque él es su Creador.

9. Durante un año te dejaremos con tus hijos, hasta que de nuevo recuperes tu fuerza, para que puedas dar instrucciones a tu familia, escribas estas cosas, y se las expliques a todos tus hijos. Pero en otro año ellos te removerán de entre ellos, y tu corazón se fortalecerá; porque los elegidos les indicarán la justicia a los elegidos; los justos con los justos

---

[1] *ha destilado.*

se alegrarán y se felicitarán el uno al otro; pero los pecadores morirán con los pecadores,

10. Y los pervertidos se ahogarán con los pervertidos.
11. Asimismo los que actúan con justicia morirán por obra del hombre y serán reunidos a causa de las obras de los malvados.
12. En esos días ellos terminaron de conversar conmigo.
13. Y yo regresé con mi gente, bendiciendo al Señor de los mundos.

Capítulo 81

1. Ahora, hijo mío Matusalén, te cuento todas estas cosas y las escribo para ti. A ti te he revelado todo, y te he dado los libros de todo.
2. Preserva, hijo mío Matusalén, los libros escritos por tu padre;[1] para que puedas transmitirlos a futuras generaciones.
3. Te he dado sabiduría a ti, a tus hijos y a tu posteridad, para que ellos puedan transmitir a sus hijos, durante generaciones por siempre, esta sabiduría en sus pensamientos; y que aquellos que *la* comprendan no se duerman, sino que prestarán oído; para que puedan aprender esta sabiduría, y que sean merecedores de comer *este* alimento sano.
4. Benditos son todos los justos; benditos todos los que caminan *en los caminos de* la justicia; en quienes no *se encuentran* crímenes, como en los pecadores, cuando se calculan todos sus días.
5. Con respecto al recorrido del sol en el cielo, entra y sale por *cada* portal durante treinta días, junto con los líderes de mil clases de las estrellas, añadiendo los cuatro días que se

---

[1] *los libros de la mano de tu padre.*

agregan y pertenecen a las cuatro partes del año, que los guían y los acompañan en cuatro periodos.

6. Respecto a éstos, los hombres se equivocan en gran medida, y no los cuentan dentro del cómputo de toda era; porque ellos se equivocan mucho respecto a ellos; ni los hombres saben con precisión que están en el cómputo del año. Pero ciertamente éstos se marcan[1] por siempre; uno en el primer portal, uno en el tercero, uno en el cuarto, y uno en el sexto:

7. De manera que el año se completa en trescientos sesenta y cuatro días.

8. En verdad se ha expresado,[2] y se ha calculado con precisión aquello que está marcado; porque las luminarias, los meses, los periodos fijos, los años, y los días, Uriel me explicó, y me comunicó;[3] a los que el Señor de toda la creación, según mi narración, manda (de acuerdo al poder del cielo, y el poder que tiene por la noche y por el día), para explicar *las leyes de* la luz sobre el hombre, el sol, la luna, y las estrellas y todos las potencias del cielo, que giran en sus respectivas órbitas.

9. Ésta es la ley de las estrellas, que se ponen en sus lugares, en sus estaciones, en sus periodos, en sus días, y en sus meses.

10. Estos son los nombres de quienes las guían, de quienes vigilan que entren en sus estaciones, de acuerdo a las leyes de sus periodos, en sus meses, en *los tiempos de* su influencia, y en sus estaciones.

11. Cuatro de sus conductores entran primero, quienes dividen los cuatro cuartos del año. Después de éstos, doce conduc-

---

[1] *Imprimir, expresar, o sellar.*
[2] *ellos han narrado.*
[3] *que ha infundido su aliento en mí.*

tores de sus clases, que separan los meses y el año *en* trescientos sesenta y cuatro *días*, con los líderes de millar, que
distinguen entre los días, así como entre los cuatro adicionales; que, *como* los conductores, dividen los cuatro cuartos
del año.

12. Estos líderes de millar están intercalados entre los conductores, y los conductores se agregan cada uno tras su estación, y sus conductores hacen la separación. Éstos son los
nombres de los conductores, que separan los cuatro cuartos
del año, que han sido asignados *sobre ellos*: Melkel, He-
lammelak,

13. Meliyal, y Narel.

14. Y los nombres de quienes los conducen son Adnarel, Jyasu-
sal y Jyelumeal.

15. Estos son los tres que siguen a los conductores de las clases
de las estrellas; cada uno sigue después de los tres conductores de las clases, los cuales siguen a aquellos conductores
de las estaciones, que dividen los cuatro cuartos del año.

16. En la primera parte del año surge y gobierna Melkyas, quien
es llamado Tamani, y Zahay.[1]

17. Todos los días de su influencia, *durante* los que él rige, son
noventa y un días.

18. Y estos son los signos de los días que se ven sobre la tierra.
En los días de su influencia *hay* transpiración, calor y dificultades. Todos los árboles dan frutos; salen las hojas de
todos los árboles; se cosecha el cereal; las rosas y todas las
especies de flores florecen en el campo; y se secan los árboles del invierno.

19. Estos son los nombres de los conductores que están debajo
de ellos: Barkel, Zelsabel; y otro conductor adicional de mi-

---

[1] *el sol.*

llar llamado Heloyalef, con el cual terminan los días de su dominio. El otro conductor que le sigue es Helemmelek, a quienes ellos llaman el espléndido Zahay.

20. Todos los días de su luz son noventa y un días.

21. Estos son los signos de los días sobre la tierra, calor y sequedad; mientras que los árboles dan sus frutos, calentados y maduros, y dan sus frutos para que se sequen.

22. Los rebaños siguen y nacen las crías. Se recolectan todos los frutos de la tierra, con todo en los campos y se prensa el vino. Esto ocurre durante el tiempo de su dominio.

23. Estos son sus nombres y órdenes, y *los nombres* de los conductores que están debajo de ellos, de aquellos que son jefes de millar: Gedaeyal, Keel, Heel.

24. Y el nombre del líder adicional de millar es Asfael.

25. Los días de su dominio se han terminado.

Capítulo 82 [Sección 16[1]]

1. Y ahora, hijo mío Matusalén, te he mostrado todas las visiones que tuve antes de tu nacimiento.[2] Te narraré otra visión, que tuve antes de casarme; se parecen la una a la otra.

2. La primera fue cuando yo estaba aprendiendo un libro; y la otra fue antes de que me casara con tu madre. Tuve una visión terrible;

3. Y debido a estas cosas oré al Señor.

4. Yo estaba acostado en la casa de mi abuelo Mahalalel, *cuando* tuve una visión de que el cielo se purificaba, y era arrebatado.

---

[1] Manuscrito de París.
[2] *antes de ti.*

5. Y al caer sobre la tierra, vi también que la tierra era devorada por un gran abismo; y las montañas eran suspendidas sobre montañas.

6. Colinas se hundían sobre colinas, grandes árboles se deslizaban[1] de sus troncos, y estaban siendo arrojados, y se hundían en el abismo.

7. *Me alarmé* por estas cosas, mi voz titubeó.[2] Grité y dije: La tierra está destruida. Entonces mi abuelo Mahalalel me despertó, y me dijo: ¿Por qué gritas así hijo mío? ¿Y por qué profieres semejante lamento?

8. Le conté toda la visión que había tenido. Me dijo: Se confirma aquello que has visto, hijo mío;

9. Y terrible es la visión de tu sueño sobre todo pecado secreto de la tierra. Su sustancia se hundirá en el abismo y ocurrirá una gran destrucción.

10. Ahora, hijo mío, levántate; y ruega al Señor de gloria (ya que tú eres fiel), para que permanezca un remanente sobre la tierra, y que él no la destruya por completo. Hijo mío, toda esta *calamidad* sobre la tierra caerá desde el cielo;[3] sobre la tierra habrá una gran destrucción.

11. Después me levanté, oré, e imploré, y escribí mi oración para las generaciones del mundo; explicándole todo a mi hijo Matusalén.

11. Cuando bajé, y miré al cielo vi al sol salir por el oriente, la luna ocultarse por el occidente, unas cuantas estrellas *esparcidas,* y todo lo que Dios[4] ha conocido desde el principio, bendije al Señor del juicio y lo ensalcé: porque él hace

---

[1] *eran cortados.*

[2] *la palabra cayó dentro de mi boca.*

[3] *todo esto sobre la tierra proviene del cielo.*

[4] *él.*

salir el sol por las cámaras[1] del oriente, de manera que as-
cienda y brille en la faz del cielo, pueda surgir, y seguir el
camino que se le ha señalado.

Capítulo 83

1. Levanté mis manos en justicia, y bendije al santo y al Grande. Hablé con el aliento de mi boca, y con una lengua de
   carne, que Dios ha hecho para todos los hijos de los hombres mortales, para que la utilicen al hablar; y les ha dado un
   aliento, una boca y una lengua para que hablen con ellas.
2. Bendito seas, O Señor, el Rey, grande y poderoso en tu
   grandeza, Señor de todas las creaturas del cielo, Rey de
   reyes, Dios de todo el mundo, cuyo reino, cuyo dominio,
   y cuya majestuosidad permanecen por los siglos de los
   siglos.
3. De generación en generación *existirá* tu dominio. Todos los
   cielos son tu trono eterno y la tierra el escabel de tus pies
   por los siglos de los siglos.
4. Porque eres tú quien *los* has creado, y gobiernas sobre todas
   las cosas. Ningún acto en absoluto excede tu poder. Contigo la sabiduría no cambia; no se aleja de tu trono ni se va de
   tu presencia. Tú sabes todas las cosas, las ves y las oyes,
   nada está oculto para ti, porque percibes todas las cosas.
5. Los ángeles de tus cielos han cometido transgresiones; y
   sobre la carne mortal recae[2] tu cólera hasta el día del gran
   juicio.
6. Entonces, ahora, O Dios, Señor y poderoso Rey, te imploro
   y suplico que aceptes mi oración, que me dejes una des-

---

[1] *ventanas.*
[2] *está.*

cendencia sobre la tierra, y que no perezca toda la raza humana;

7. Que la tierra no quede vacía y que la destrucción no sea eterna.

8. O mi Señor, deja que la raza que te ha ofendido perezca de la tierra, pero que se establezca una raza de justicia y rectitud, para una posteridad[1] eterna. No ocultes tu rostro, O Señor, de la oración de tu siervo.

Capítulo 84 [Sección 17[2]]

1. Después de eso vi otro sueño, y todo ese sueño te lo voy a explicar, hijo mío. Enoc se levantó y le dijo a su hijo Matusalén: A ti quiero hablarte, hijo mío. Escucha mis palabras; y pon atención al sueño de la visión de tu padre. Antes de casarme con tu madre Edna, vi una visión sobre mi cama;

2. Y vi, a una vaca que salía de la tierra;

3. Y esta vaca era blanca.

4. Posteriormente salió una novilla; y con ella otro novillo:[3] uno de ellos era negro y el otro rojo.[4]

5. El novillo negro golpeó al rojo y le persiguió sobre la tierra.

6. A partir de ese periodo no pude ver más a ese novillo rojo; pero el negro creció en tamaño y una novilla se le aproximó.

7. Después de esto vi que salían muchas vacas, que se le parecían, y que lo seguían.

8. La primera novilla también salió en la presencia de la primera vaca; y buscó al novillo rojo; pero no lo encontró.

---

[1] *la planta de una semilla.*

[2] Manuscrito de París.

[3] El sentido parece requerir que el pasaje debería ser: *"otros dos novillos, uno de ellos era negro y el otro era rojo".*

[4] Caín y Abel.

9. Y profirió un gran lamento, mientras lo buscaba.

10. Entonces miré hasta que la primera *vaca* vino a ella, y a partir de ese momento guardó silencio, y dejó de lamentarse.

11. Posteriormente ella parió a otra vaca blanca.

12. Y de nuevo parió a muchas vacas y a novillos negros.

13. En mi sueño también percibí a un toro blanco, que creció en forma parecida, y se convirtió en un toro blanco grande.

14. Después de éste salieron muchas vacas blancas, semejantes a él.

15. Y ellos comenzaron a parir muchas *otras* vacas blancas, que se parecían a ellos y que se seguían el uno al otro.

Capítulo 85

1. De nuevo miré con atención,[1] mientras dormía y examiné el cielo arriba.

2. Y vi que una sola estrella cayó del cielo.

3. Que se levantaba, comía y se alimentaba entre esas vacas.

4. Después de eso percibí *otras* vacas grandes y negras; y vi que cambiaban sus establos y pasturas, mientras los jóvenes se quejaban los unos con los otros. De nuevo mire en *mi visión*, y examiné el cielo; cuando miré, vi que muchas estrellas descendían y se proyectaban desde el cielo hacia donde estaba la primera estrella,

5. En medio de esos becerros; mientras las vacas estaban con ellos los alimentaban en medio de ellos.

6. Los miré y los observé; cuando vi, todos ellos actuaron a la manera de los caballos, y comenzaron a acercarse a las vacas jóvenes, todas ellas quedaron preñadas, y parieron elefantes, camellos y asnos.

---

[1] *con mis ojos.*

7. Respecto a ellos todas las vacas se alarmaron y se aterrorizaron; cuando ellos comenzaron a morder con los dientes, a tragar y a cornear.

8. Ellos también comenzaron a devorar a las vacas; y miré que todos los hijos de la tierra temblaban, agitándose de terror por ellos y huyeron de repente.

Capítulo 86

1. De nuevo los percibí, cuando comenzaron a golpearse el uno al otro y a devorarse el uno al otro; y la tierra se puso a gritar. Entonces elevé mis ojos al cielo una segunda vez, y tuve una visión que, aquí está: salieron del cielo seres parecidos a hombres blancos. Uno salió de ese lugar y tres con él.

2. Esos tres que salieron al último, me tomaron de la mano y me llevaron por sobre las generaciones de la tierra, llevándome hasta un lugar elevado.

3. Después me mostraron una torre alta construida sobre la tierra, mientras que todas las colinas disminuían. Me dijeron: Permanece aquí, hasta que hayas visto lo que le sucederá a esos elefantes, camellos y asnos, a las estrellas, y a todas las vacas.

Capítulo 87

1. Entonces vi a uno de los cuatro *hombres blancos,* al que había salido primero.

2. Tomó a la primera estrella que había caído del cielo.

3. Y, atándola de pies y manos, la arrojó a un valle; a un valle estrecho, profundo, tremendo y oscuro.

4. Después uno de ellos sacó su espada y se la dio a los elefantes, a los camellos y a los asnos, quienes comenzaron a herirse el uno al otro. Y toda la tierra tembló a causa de ellos.

5. Y cuando miré en la visión, he aquí que, uno de esos cuatro ángeles que habían venido, salieron del cielo, se reunieron, y tomaron a todas las grandes estrellas cuyas formas en parte se asemejaban a las de los caballos; y atándolas a todas de pies y manos, las arrojaron a las cavidades de la tierra.

Capítulo 88

1. Entonces uno de esos cuatro fue hasta donde estaban las vacas blancas, y les enseñó un misterio. Mientras la vaca estaba temblando, nació y se convirtió en un hombre,[1] y construyó para sí un barco grande. Él habitó en su interior, y tres vacas[2] habitaron con él en ese barco, que los cubría.

2. De nuevo levanté la vista al cielo, y vi un techo elevado. Arriba había siete cataratas que derramaban mucha agua sobre cierta villa.

3. De nuevo miré y he aquí que se abrieron fuentes sobre la tierra en esa villa grande.

4. El agua comenzó a hervir y a elevarse sobre la tierra; de manera que la villa no se veía, mientras que su suelo era cubierto con agua.

5. Había mucha agua sobre ella, oscuridad, y nubes. Entonces examiné la altura de esta agua; y se elevó por encima de la villa.

6. Fluía sobre la villa y era más alta que la tierra.

7. Entonces todas las vacas que se reunieron ahí, mientras yo las miraba, se ahogaron, se las tragaron y fueron destruidas en el agua.

8. Pero el barco flotó por encima de ello. Todas las vacas, los elefantes, los camellos, y los asnos quedaron ahogados en la

---

[1] Noé.
[2] Sem, Cam y Jafet.

tierra, y todo el ganado. No pude percibirlos. Tampoco pudieron ellos escapar sino que perecieron y se hundieron en la profundidad.

9. De nuevo vi en la visión hasta que se removieron esas cataratas de ese techo elevado, y se igualaron las fuentes de la tierra, mientras que se abrieron otras profundidades;

10. En las que el agua empezó a descender, hasta que apareció el suelo seco.

11. El barco reposó en la tierra; la oscuridad se retiró y apareció la luz.

12. Entonces la vaca blanca, que se convirtió en hombre, salió del barco y las tres vacas con él.

13. Una de las tres vacas era blanca, y se parecía a esa vaca; una de ellas era roja como la sangre; y una de ellas era negra. La vaca blanca las dejó.

14. Entonces las bestias salvajes y las aves empezaron a parir.

15. Hubo una multitud de todas estas diferentes especies: leones, tigres, lobos, perros, jabalíes, zorros, conejos, y los hanzar.[1]

16. Los siset, los buitres, los gavilanes, los fonkas, y los cuervos.

17. Entonces una vaca blanca[2] nació en medio de ellos.

18. Y comenzaron a morderse unos a otros; cuando la vaca blanca que había nacido en medio de ellos, parió un asno salvaje y una vaca blanca al mismo tiempo, y *después de*

---

[1] hanzar: según el libro de Nombres propios que aparecen en el *Libro de Enoc*, de D.A. de Sola, probablemente esta palabra se haya alterado tanto, que no se puede llegar a una conclusión respecto a su significado. N. de T. Tampoco se pudo encontrar el significado para *siset* o *fonkas*.

[2] Abraham.

eso muchos asnos salvajes. Entonces, la vaca blanca,[1] que había nacido, parió un jabalí negro y una oveja blanca.[2]

19. Ese jabalí también parió muchos jabalís.

20. Y esa oveja parió doce ovejas.[3]

21. Cuando crecieron esas doce ovejas, le dieron una entre ellas[4] a los asnos.[5]

22. A su vez esos asnos entregaron esa oveja a los lobos;[6]

23. Y la oveja creció entre ellos.

24. Entonces el Señor llevó las *otras* once ovejas, para que pudieran habitar y pacer con él entre los lobos.

25. Se multiplicaron, y hubo abundancia de pastura para ellas.

26. Pero los lobos empezaron a asustarlas y a oprimirlas, mientras destruían a sus pequeños.

27. Y ellos dejaron a sus pequeños en torrentes de agua profunda.

28. Ahora las ovejas comenzaron a gritar por sus pequeños, y huyeron buscando refugiarse con su Señor. Sin embargo una,[7] que se había salvado, se escapó y se fue a donde estaban los asnos salvajes.

29. Yo miré las ovejas lamentándose, llorando y suplicándole a su Señor,

30. Con todo el poder que tenían, hasta que el Señor de las ovejas descendió a la voz de las ovejas, desde *su* alta habitación; se dirigió a ellas; y las inspeccionó.

---

[1] Isaac.

[2] Esaú y Jacob.

[3] Los doce Patriarcas.

[4] José.

[5] Los midianitas.

[6] Los egipcios.

[7] Moisés.

31. Él llamó a esa oveja que en secreto había escapado de los lobos y le dijo que hiciera que los lobos comprendieran que no debían tocar a las ovejas.

32. Entonces esa oveja fue a donde estaban los lobos con la palabra del Señor, cuando otra[1] se encontró con ella y fue con ella.

33. Fueron y las dos entraron juntas en donde vivían los lobos; y conversando con ellos hicieron que comprendieran, que de ahí en adelante ellos no debían tocar a las ovejas.

34. Posteriormente percibí que los lobos prevalecían en gran medida sobre las ovejas con toda su fuerza. Las ovejas gritaron fuerte; y su Señor fue al lado de las ovejas.

35. Él comenzó a golpear a los lobos, que comenzaron a lamentarse; en cambio las ovejas estaban silenciosas y desde ahí cesaron de gritar.

36. Entonces yo las miré, hasta que se apartaron de los lobos. Los ojos de los lobos estaban cegados, y salieron persiguiendo a las ovejas con todas sus fuerzas. Pero el Señor de las ovejas fue con ellas conduciéndolas.

37. Y todas sus ovejas le seguían.

38. El rostro de él *era* terrible y espléndido, y su aspecto era glorioso. Sin embargo, los lobos comenzaron a perseguir a las ovejas, hasta que las alcanzaron en un cierto lago de agua.[2]

39. Pero ese lago se dividió; el agua se levantó de un lado y del otro ante su cara.

40. Y mientras el Señor las conducía, se colocó entre ellas y los lobos.

---

[1] Aarón.

[2] El Mar Rojo.

41. Sin embargo, los lobos no percibieron a las ovejas, sino que entraron en medio del lago, siguiéndolas y corrieron tras ellas en el lago de agua.

42. Pero cuando ellos vieron al Señor de las ovejas, se regresaron para huir de su rostro.

43. Entonces regresó el agua del lago, y eso en forma repentina, de acuerdo a su naturaleza. Se llenó y se elevó su nivel, hasta que cubrió a los lobos. Y vi que todos ellos que habían seguido a las ovejas, perecieron y se ahogaron.

44. Pero las ovejas pasaron por encima de esta agua, continuando hasta un lugar desolado, en el que no hay agua ni hierba. Y sus ojos se abrieron y vieron.

45. Entonces vi al Señor de las ovejas inspeccionándolas, y dándoles agua y hierba.

46. La oveja *ya mencionada* iba avanzando *con ellas,* y las guió.

47. Y cuando ella subió a la cima de una roca elevada, el Señor de las ovejas la envió hacia ellas.

48. Posteriormente percibí que su Señor estaba frente a ellas, con un aspecto terrible y severo.

49. Y cuando todas ellas lo vieron, ellas se espantaron del rostro de él.

50. Todas ellas estaban alarmadas y temblaron. Gritaron llamando a esa oveja; y la otra oveja que había estado con él, y que estaba en medio de ellas, *les dijo:* Nosotras no podemos estar delante de nuestro Señor, o mirarlo.

51. Entonces se alejó esa oveja que las guió y subió a la cima de aquella roca;

52. Pero el *resto de las* ovejas comenzó a cegarse y a apartarse del camino que ella les había señalado; sin que ella lo supiera.

53. Sin embargo, su Señor se enfureció mucho contra ellas; y cuando esa oveja supo *lo que había sucedido,*

54. Ella descendió de la cima de la roca, y vino al rebaño y encontró que muchas,

55. Se habían cegado;

56. Y se habían extraviado de su camino. Tan pronto como ellas lo vieron, tuvieron miedo, y temblaron ante su presencia:

57. Y tuvieron deseos de volver a sus rediles.

58. Entonces esa oveja, llevando con ella a las otras ovejas, se dirigió a las que se habían extraviado.

59. Y después comenzó a matarlas. Ellas estaban aterradas de su rostro. Entonces ella hizo que regresaran aquellas que se habían extraviado; y regresaron a sus rediles.

60. De la misma manera, vi ahí en la visión, que esta oveja se transformó en hombre, construyó una casa para el Señor de las ovejas e hizo que todas estuvieran en esa casa.

61. También percibí que las ovejas que avanzaron para encontrarse con esta oveja, su guía, murieron. También vi que todas las grandes ovejas perecieron mientras que las más pequeñas crecieron en su lugar, entraron a un pastizal, y se acercaron a un río de agua.[1]

62. Entonces esa oveja, su guía, que se convirtió en hombre, fue separado de ellas, y murió.

63. Todas las ovejas la buscaron, y lloraron por ella con grandes lamentos.

64. Asimismo vi que terminaron de llorar por esta oveja, y atravesaron el río de agua.

65. Y ahí vinieron otras ovejas, todas las que las guiaron,[2] en lugar de aquellas que estaban muertas, y que *previamente* las habían guiado.

---

[1] El Río Jordán.
[2] Los Jueces de Israel.

66. Entonces vi que las ovejas entraron en una región grande, y un territorio agradable y espléndido.

67. También vi que ellas se habían saciado; que su casa estaba en medio de un territorio agradable; y que a veces sus ojos estaban abiertos, y que a veces estaban cegados; hasta que otra oveja[1] se levantó y las guió. Las recuperó a todas y se abrieron sus ojos.

68. Entonces los perros, los zorros y los jabalís se pusieron a devorarlas, hasta que *de nuevo* se levantó otra oveja,[2] el amo del rebaño, una de ellas, un carnero para guiarlas. Ese carnero comenzó a embestir por todos lados a esos perros, zorros y jabalís, hasta que hizo perecer a todos ellos.

69. Pero la oveja *anterior* abrió sus ojos, y vio al carnero en medio de las ovejas, que había hecho a un lado su gloria.

70. Y él comenzó a embestir a las ovejas, a pisotearlas y a comportarse sin dignidad.

71. Entonces su Señor envió *de nuevo* a la oveja *anterior* a una oveja[3] que aun era diferente,[4] y lo ascendió para que fuera un carnero y dirigiera a las ovejas en vez del carnero que había abandonado su gloria.

72. Por lo tanto fue a su lado y conversó con él a solas, y lo ascendió a carnero; y lo hizo príncipe y líder del rebaño. Todo el tiempo, los perros[5] molestaron a las ovejas,

73. El primer carnero le presentó respetos al segundo carnero.

74. Entonces el segundo carnero se levantó y huyó del rostro de él. Y vi que los perros abatieron a aquel primer carnero.

---

[1] Samuel.
[2] Saúl.
[3] David.
[4] *otra.*
[5] Los filisteos.

75. Pero el segundo carnero se levantó, y condujo a las ovejas más pequeñas.

76. Asimismo ese carnero engendró numerosas ovejas, y murió.

77. Después hubo una oveja[1] más pequeña, un carnero, en el lugar de él, que se convirtió en príncipe y líder, para conducir el rebaño.

78. Y las ovejas crecieron de tamaño y se multiplicaron.

79. Y todos los perros, zorros y jabalís tuvieron miedo y huyeron de él.

80. Ese carnero también embistió y mató a todas las bestias salvajes, de manera que esas bestias no tuvieron más poder de nuevo para prevalecer entre las ovejas, ni las arrebataran de nuevo.

81. Y esa casa llegó a ser grande y amplia; una torre elevada y grande fue construida sobre la casa por las ovejas, para el Señor de las ovejas.

82. La casa era baja, pero la torre muy elevada y muy alta.

83. Entonces el Señor de las ovejas estuvo sobre esa torre, e hizo que una mesa llena se aproximara ante él.

84. De nuevo vi a esas ovejas errar, y se fueron por diferentes caminos y abandonaron su casa.

85. Y su Señor llamó de entre ellas a algunas y las envió[2] al lado de ellas.

86. Pero las ovejas comenzaron a asesinarlas. Pero cuando una de ellas fue salvada de la matanza,[3] salió y gritó en contra de aquellas que deseaban matarla.

87. Pero el Señor de las ovejas la salvó de entre las manos de las ovejas, la hizo ascender a él, y habitar cerca de él.

---

[1] Salomón.
[2] Los profetas.
[3] Elías.

88. Él también les envió muchas otras, para testificarles, y para exclamar lamentaciones en contra de ellas.

89. De nuevo vi, cuando algunas de ellas abandonaban la casa de su Señor, y su torre; errando por todas partes, y encegueciéndose,

90. Vi al Señor de las ovejas hacer una gran carnicería con ellas en su pastizal, hasta que ellas gritaron hacia él a causa de esa carnicería. Entonces él abandonó el lugar de *su habitación,* y las dejó en poder de los leones, de los tigres, de los lobos y las lobas, y en el poder de los zorros y de todas las bestias.

91. Y las bestias salvajes comenzaron a despedazarlas.

92. Vi también que él abandonó la casa de sus padres y su torre y entregarlas a los leones para que las destrozaran y las devoraran; en poder de todas las bestias.

93. Entonces me puse a gritar con todas mis fuerzas, implorando al Señor de las ovejas y le hice ver cómo las ovejas eran devoradas por todas las bestias salvajes.

94. Pero él miraba en silencio, regocijándose de que fueran devoradas, tragadas y robadas; y las abandonó en poder de todas las bestias para alimentarse. Él llamó también a setenta pastores y les reasignó a ellos *el cuidado de* las ovejas, para que ellos las vigilaran;

95. Le dijo a ellos y a sus acompañantes: Desde ahora ustedes vigilarán a las ovejas, y todo lo que yo les ordene, háganlo; y se *las* entrego contadas.[1]

96. Y les diré a cuáles deberán matar; estas serán destruidas. Y les entregó las ovejas.

---

[1] *con número.*

97. Después él llamó a otro y dijo: Comprende, y observa todo lo que los pastores les harán a estas ovejas; porque perecerán muchas más de las que yo he ordenado;

98. De todo exceso y matanza, que cometan los pastores, *habrá* una cuenta; respecto a cuántas han perecido de acuerdo con mi orden, y cuántas pueden haber destruido de acuerdo con su propio capricho.

99. De toda la destrucción *producida por cada uno* de los pastores habrá una cuenta; y de acuerdo al número haré que se realice un recuento ante mí, cuántas destruyeron ellos por su propio capricho, y cuántas han llevado a la destrucción, de manera que pueda yo tener este testimonio en contra de ellos; para que pueda yo conocer toda su narración; y que, al entregarles *las ovejas,* pueda yo ver lo que ellos harán; ya sea que actúen como se los ordené, o no.

100. Sin embargo, *esto,* ellos lo ignorarán; no debes darles ninguna explicación, ni advertirles; pero habrá un recuento de toda la destrucción *realizada* por ellos en sus temporadas respectivas. Entonces ellos comenzaron a matar, y a destruir más de lo que se les había ordenado.

101. Y ellos dejaron a las ovejas en poder de los leones, de manera que muchas de ellas fueron devoradas y tragadas por los leones y los tigres; y los jabalís se alimentaron de ellas. Ellos quemaron esa torre y demolieron esa casa.

102. Entonces me entristecí muchísimo por esa torre, y porque la casa de las ovejas fue demolida.

103. Después ya no pude ver si esas ovejas entraban en esa casa *de nuevo.*

104. Asimismo los pastores y sus cómplices, las entregaron a todas las bestias salvajes, para que las pudieran devorar. Cada una de ellas fue entregada en su temporada, de acuerdo a su número; cada una de ellas, una con otra, se descri-

bió en un libro, cuántas de ellas, una con otra, fueron destruidas, se describió en un libro.

105. Sin embargo, todo *pastor* mató y destruyó a más de las que se le había ordenado.

106. Entonces yo comencé a llorar y estaba muy indignado, por causa de esas ovejas.

107. En forma parecida tuve la visión de aquel que escribía, la forma como anotaba cada una que era destruida por los pastores, todos los días. Él ascendió, permaneció y mostró cada uno de sus libros al Señor de las ovejas, *conteniendo* todo lo que ellos habían hecho, y todo lo que cada uno de ellos había desechado;

108. Y todo lo que ellos habían entregado a la destrucción.

109. Él tomó el libro en sus manos, lo leyó, lo selló y lo archivó.

110. Tras esto, vi que los pastores vigilaban durante doce horas.

111. Y vi que tres de esas ovejas[1] se fueron, arribaron, entraron y empezaron a edificar todo lo que se había derrumbado de esa casa.

112. Pero los jabalíes[2] se lo impidieron, aunque no prevalecieron.

113. Ellas comenzaron de nuevo a construir como antes, y elevaron esa torre, que fue llamada torre alta.

114. Y comenzaron de nuevo a colocar una mesa ante la torre, poniendo sobre ella toda clase de pan contaminado e impuro.

115. Más aún, también todas las ovejas estaban cegadas, y no podían ver; al igual que los pastores.

116. Así, fueron entregadas a los pastores para una gran destrucción, que las pisotearon, y las devoraron.

---

[1] *Zorobabel, Josué y Nehemías*
[2] Los samaritanos.

117. Sin embargo, su Señor se mantuvo silencioso, hasta que todas las ovejas en el campo fueron destruidas. Los pastores y las ovejas estaban entre mezclados; pero ellos no las salvaron del poder de las bestias.

118. Entonces el que escribió el libro ascendió, lo mostró, y lo leyó en la residencia del Señor de las ovejas. Él le imploró por ellas, y oró, señalando todos los actos de los pastores y dando testimonio ante Él en contra de todos ellos. Entonces tomando el libro, lo deposito con él y se fue.

Capítulo 89

1. Y observé durante el tiempo, que en esta forma treinta y siete[1] pastores estaban vigilando, todos ellos terminaron sus turnos respectivos como el primero. Entonces otros los recibieron en sus manos para que pudieran vigilarlas en sus turnos respectivos, cada pastor con su turno.

2. Vi después en una visión, que llegaban todas las aves del cielo; águilas, buitres, gavilanes y cuervos; las águilas guiaban a todas esas aves.

3. Se pusieron a devorar a estas ovejas, a sacarles los ojos, y a devorar sus cuerpos.

4. Entonces las ovejas gritaron; porque sus cuerpos eran devorados por las aves.

5. Yo también grité, y gemí en mi sueño en contra de ese pastor que vigilaba el rebaño.

6. Y vi, mientras las ovejas eran devoradas por los perros, por las águilas, y por los gavilanes. No les dejaron su cuerpo, ni su piel, ni sus músculos, hasta que sólo quedaron sus hue-

---

[1] Un error aparente en lugar de *treinta y cinco*. Véase el versículo 7. Los reyes de Judea e Israel.

sos; hasta que sus huesos cayeron al suelo. Y las ovejas disminuyeron.

7. Asimismo observé durante el tiempo, que veintitrés pastores[1] estaban vigilando; que habían cumplido sus turnos respectivos cincuenta y ocho turnos.

8. Entonces unos pequeños corderos nacieron de esas ovejas blancas; que comenzaron a abrir sus ojos y a ver, y le balaron a las ovejas.

9. Sin embargo, las ovejas no les gritaron, ni escucharon lo que ellos les decían; porque eran sordas, ciegas y obstinadas al grado máximo.

10. Vi en la visión que los cuervos volaban y descendían sobre estos corderos;

11. Que agarraban a uno de ellos; y que despedazaban a las ovejas, las devoraban.

12. También vi, que les crecían cuernos a estos corderos; y que los cuervos descendían sobre sus cuernos.

13. También vi, que un cuerno largo le salía a un animal[2] entre las ovejas, y que sus ojos estaban abiertos.

14. Ella las miró. Sus ojos estaban muy abiertos; y les gritó a las ovejas.

15. Entonces el dabela[3] la vio, todos corrieron hacia ella.

16. Y a pesar de esto, todas las águilas, los buitres, los cuervos y gavilanes seguían arrebatando a las ovejas, se echaban sobre ellas y las devoraban. Las ovejas permanecían en silencio pero el dabela se lamentaba y gritaba.

17. Entonces los cuervos combatieron y lucharon con ellos.

---

[1] Los reyes de Babilonia, etc., durante y después del cautiverio. Los números treinta y *cinco* y veintitrés suman cincuenta y ocho; y no treinta y *siete,* como se pone erróneamente en el primer versículo.

[2] en *uno.*

[3] La cabra montesa, simbolizando probablemente a Alejandro Magno.

18. Y entre ellos quisieron tumbar su cuerno; pero no pudieron hacerlo.
19. Los miré hasta que llegaron los pastores, las águilas, los buitres y los gavilanes.
20. Ellos les gritaron a los cuervos para que rompieran el cuerno del dabela, para que lucharan con él; y para matarlo. Pero él luchó contra ellos y gritó para poder recibir ayuda.
21. Entonces percibí que vino el hombre que había escrito los nombres de los pastores, y que ascendió ante el Señor de las ovejas.
22. Él trajo asistencia e hizo que todos lo vieran descendiendo en ayuda del dabela.
23. De la misma manera percibí que el Señor de las ovejas llegó a ellos enfurecido, mientras que huyeron todos aquellos que lo vieron; todos cayeron en su tabernáculo ante su rostro; mientras que todas las águilas, los buitres, los cuervos, y los gavilanes se reunieron, y llevaron consigo a todas las ovejas del campo.
24. Todos se reunieron y trataron de tumbar el cuerno del dabela.
25. Entonces vi, que el hombre, que escribió el libro por orden del Señor, abrió el libro de la destrucción, de esa destrucción que habían realizado los doce últimos pastores,[1] y señaló ante el Señor de las ovejas, que ellos habían destruido mucho más que sus predecesores.
26. También vi que el Señor de las ovejas fue junto a ellas, tomó en sus manos el cetro de su cólera, agarró la tierra y la tierra se resquebrajó; mientras que todas las bestias y las aves del cielo cayeron lejos de las ovejas, y que se hundieron en la tierra, que se cerró sobre ellas.

---

[1] Los doce príncipes nativos de Judea después de su liberación del yugo sirio.

27. Vi, también que una gran espada fue entregada a las ovejas y ellas procedieron contra todas las fieras del campo para matarlas.

28. Pero todas las bestias y las aves del cielo huyeron ante su rostro.

29. Y vi un trono erigido sobre una tierra agradable;

30. El Señor de las ovejas se sentó sobre él, que recibió todos los libros sellados;

31. Que fueron abiertos ante él.

32. Entonces el Señor llamó a los primeros siete blancos, y les ordenó que trajeran ante él a la primera de las primeras estrellas, que precedía a las estrellas, cuya forma se asemejaba en parte a la de los caballos; la primera estrella, que cayó primero; y ellos las trajeron a todas ante él.

33. Y él le habló al hombre que escribió en su presencia, que era uno de los siete blancos, diciendo: Toma esos setenta pastores, a quienes había encomendado las ovejas, y *quienes* después de haberlas recibido mataron a muchas más de las que yo les había ordenado. He aquí que los vi a todos encadenados, y todos de pie ante él. Primero vino el juicio de las estrellas, que al ser juzgadas y al ser encontradas culpables, fueron al lugar de castigo. Las pusieron en *un lugar,* profundo, y lleno de fuego flameante, y lleno de columnas de fuego. Entonces los setenta pastores fueron juzgados, y al ser encontrados culpables, fueron arrojados al abismo en flamas.

34. Asimismo percibí en ese tiempo, que se abrió un abismo en medio de la tierra, que estaba lleno de fuego.

35. Y allí llevaron a las ovejas ciegas; que fueron juzgadas y encontradas culpables, y arrojadas al abismo de fuego en la tierra, y fueron quemadas.

36. El abismo estaba a la derecha de esa casa.

37. Y vi arder a esas ovejas y sus huesos se consumían.

38. Me levanté para ver como él hundía esa vieja casa, mientras ellos le quitaban sus columnas, toda planta en ella, y el marfil que la adornaba. Ellos lo sacaron, y lo depositaron en un lugar en el lado derecho de la tierra.

39. Vi también, que el Señor de las ovejas produjo una nueva casa, grande y más alta que la anterior, que él limitó con el anterior lugar circular. Todas sus columnas eran nuevas, y su marfil era nuevo y más abundante que el viejo *marfil* anterior, que él había sacado.

40. Y mientras todas las ovejas que quedaban estaban en medio de ello, todas las bestias de la tierra, y todas las aves del cielo, se postraron y las adoraron, suplicándoles, y obedeciéndoles en todo.

41. Luego esos tres que estaban vestidos de blanco, y que, sosteniéndome de la mano, habían hecho que yo ascendiera, mientras que la mano de aquel *que* habló me sostuvo, me levantaron, y me colocaron en medio de las ovejas, antes de que tuviera lugar el juicio.

42. Las ovejas eran todas blancas y su lana abundante y pura. Entonces todas las que habían perecido y que habían sido destruidas, todas las bestias del campo y todas las aves del cielo, se congregaron en esa casa; mientras que el Señor de las ovejas se regocijaba con gran alegría, porque todas eran buenas, y porque ellas habían regresado a la casa de él.

43. Y vi que ellas depusieron la espada que había sido dada a las ovejas, y la regresaron a su casa, y la sellaron en presencia del Señor.

44. Todas las ovejas habrían sido incluidas en esa casa, si hubieran cabido en ella;[1] y los ojos de todas estaban abiertos, mirando al Bueno; no hubo una entre ellas que no lo viera.

45. Asimismo percibí que la casa era grande, amplia, y extremadamente llena. Vi también, que una vaca blanca nació, y sus cuernos eran grandes; y todas las bestias del campo y todas las aves del cielo, le temían, y le suplicaban a toda hora.

46. Entonces vi que la naturaleza de todas ellas cambió, y que ellas se convirtieron en vacas blancas;

47. Y que la primera, *que* estaba en medio de ellas, habló,[2] cuando esa palabra se convirtió en una bestia grande, sobre su cabeza había dos cuernos grandes y negros.

48. Mientras que el Señor de las ovejas se regocijaba por ellas, y por todas las vacas.

49. Me dormí en medio de ellas: desperté; y vi todo. Ésta es la visión que vi, durmiendo y despertando. Entonces bendije al Señor de la justicia, y a Él lo alabé.

50. Posteriormente lloré mucho, sin que se detuvieran mis lágrimas, de manera que no pude resistirlo. Mientras yo seguía mirando, ellos fluyeron[3] debido a lo que vi; porque todo había venido y había pasado; vi toda circunstancia individual respecto a la conducta de la humanidad.

51. Esa noche recordé mi sueño anterior; y por lo tanto lloré y me angustié, porque había tenido esa visión.

---

[1] *fueron incluidas en esa casa, y no cupieron en ella.*
[2] *se convirtió en una palabra.*
[3] *descendieron.*

Capítulo 90 [Sección 18[1]]

1. Y ahora, hijo mío, Matusalén, convoca en torno a mí a todos tus hermanos, y reúne para mí a todos los hijos de tu madre, porque una voz me llama, y el espíritu se ha vertido sobre mí, para que yo pueda revelarles todo lo que les pasará hasta la eternidad.

2. Entonces Matusalén fue y llamó a todos sus hermanos para que fueran con él y congregó a sus parientes;

3. Y conversando con todos sus hijos en la verdad,

4. *Enoc* dijo: Oigan, mis hijos, cada palabra de su padre, y escuchen la rectitud de la voz de mi boca; porque quiero tener su atención, mientras me dirijo a ustedes. Mis bien amados, apéguense a la integridad, y caminen en ella.

5. No se acerquen a la integridad con un corazón doble; ni se asocien con hombres de doble mente; pero caminen, mis hijos, en la justicia, que los conducirá por buenos caminos y sean veraces con quien los acompaña.

6. Porque sé, que la opresión existirá y prevalecerá sobre la tierra; que en la tierra ocurrirá al final un gran castigo; que la injusticia será exterminada, que será cortada de raíz y toda estructura *erigida por* ella será demolida. Sin embargo, nuevamente la injusticia se renovará, y será consumada sobre la tierra. Todos los actos de crímenes, y todos los actos de opresión e impiedad, se duplicarán.

7. Cuando por lo tanto la injusticia, el pecado, la blasfemia, la tiranía, y toda obra *malévola,* se hayan incrementado y *cuando* la transgresión, la impiedad, y la impureza también aumenten, *entonces* por ellos todo gran castigo del cielo será infligido.

---

[1] Manuscrito de París.

8. El santo Señor vendrá con ira, y sobre ellos se infligirá[1] gran castigo desde el cielo.

9. El santo Señor vendrá con ira, y sobre ellos se infligirá gran castigo desde el cielo.

10. En esos días la opresión será cortada de raíz, y la injusticia con fraude será erradicada, pereciendo bajo el cielo.

11. Todos los lugares de poder[2] capitularán y serán entregados por sus habitantes, se quemarán con fuego. Ellos serán traídos de todas partes de la tierra, y serán arrojados a un juicio de fuego. Perecerán en la ira, y por un juicio que los[3] dominará por siempre.

12. La justicia se levantará del sueño, y la sabiduría se levantará, y hablará sobre ellos.

13. Entonces se cortarán las raíces de la justicia; los pecadores perecerán por la espada; y los blasfemos serán aniquilados en todas partes.[4]

14. Aquellos que meditan sobre la opresión, y aquellos que blasfeman, perecerán por la espada.[5]

15. Y ahora, mis hijos, les describiré y les señalaré el camino de la justicia y el camino de la opresión.

---

[1] Este versículo falta en el Manuscrito de París, como lo transcribió Woide. Parece que en el Manuscrito Bodleiano es un simple error del transcriptor, que escribió dos veces las mismas palabras.

[2] *torre, palacio o templo.*

[3] *juicio poderoso.*

[4] *Cortados.*

[5] Entre los versículos 14 y 15 de este capítulo, se insertan otros seis tanto en el Manuscrito Bodleiano como en el Manuscrito de París, que he transpuesto para constituir los versículos 13, 14, 15, 16, 17 y 18 del capítulo 92. Esta transposición parece absolutamente necesaria para dar sentido a ese capítulo; en el que, después de la enumeración de siete semanas, o periodos, la cuenta de la octava, la novena y la décima semana, contenida en los versos transpuestos, parecía necesaria para completar la narración. Aquí es claro que no están conectados y que están mal colocados.

16. De nuevo se los mostraré a ustedes, para que puedan saber lo que va a ocurrir.

17. Y ahora, hijos míos, sigan el camino de la justicia, pero eviten el de la opresión; porque todos aquellos que siguen el camino de la injusticia perecerán por siempre.

Capítulo 91 [Sección 19[1]]

1. Aquello que escribió Enoc. Él escribió toda esta instrucción de sabiduría para todo hombre de dignidad, y todo juez de la tierra; para todos mis hijos que vivirán en la tierra, y para las generaciones subsecuentes, que se conducen con rectitud y con paz.

2. No dejen que su espíritu se angustie debido a los tiempos; por que el santo, el Grande, ha prescrito un periodo[2] para todos.

3. Que el hombre justo se levante de su sueño; que se levante, y que avance por el camino de la justicia, en todos sus caminos; y que avance[3] en la bondad y en la clemencia eterna. Se otorgará misericordia al hombre justo; se le conferirá integridad y poder por siempre. Él existirá en la bondad y en la justicia, y caminará en una luz eterna; pero el pecado perecerá en las tinieblas eternas, y ya no será visto desde este momento y hasta la eternidad.

Capítulo 92

1. Después de esto, Enoc comenzó a hablar a partir de un libro.

---

[1] Manuscrito de París.
[2] *ha dado días.*
[3] *que sus viajes.*

2. Y Enoc dijo: A propósito de los hijos de la justicia y acerca de los elegidos del mundo, y acerca de la planta de justicia e integridad.

3. Yo hablaré *acerca de* estas cosas, y les explicaré *estas cosas,* hijos míos: yo *que* soy Enoc. En consecuencia de aquello que se me ha mostrado, a partir de mi visión celestial y por la voz de los santos ángeles he adquirido conocimiento; y de la tablilla del cielo he adquirido comprensión.

4. Entonces Enoc comenzó a hablar a partir de un libro y dijo: Yo he nacido como el séptimo, en la primera semana, mientras el juicio y la rectitud permanecen con paciencia.

5. Pero después de mí, en la segunda semana, surgirá una gran maldad y avanzará el fraude.

6. En esa semana[1] sucederá el final de la primera, en la que la humanidad estará segura.

7. Pero cuando *la primera* se complete,[2] la injusticia aumentará; y él ejecutará el decreto sobre los pecadores.[3]

8. Posteriormente, en la tercera semana, durante su terminación, un hombre[4] de la planta del juicio justo será seleccionado; y después de él la planta de la justicia vendrá por siempre.

9. Subsecuentemente, en la cuarta semana, durante su terminación, se verán las visiones de los santos y de justos, *ocurrirá* el orden de generación tras generación, y se hará una habitación para ellos.[5] Entonces en la quinta semana, duran-

---

[1]   *en ella.*
[2]   *después de que se haya completado.*
[3]   El diluvio.
[4]   Abraham.
[5]   La Ley.

te su terminación, se erigirá por siempre la casa de la gloria y del dominio.[1]

10. Después de eso, en la sexta semana todos aquellos que están en ella estarán en las tinieblas, los corazones de todos ellos olvidarán la sabiduría, y en ello ascenderá un hombre.[2]

11. Y durante su terminación él quemará la casa del dominio con fuego y se dispersará[3] toda la raza de la raíz de los elegidos.

12. Posteriormente, en la séptima semana, surgirá una generación perversa; numerosas serán sus obras, y todas sus obras serán perversas. Durante su terminación, se elegirá a los justos a partir de la planta eterna de la justicia; y a ellos se les dará por septuplicado la doctrina de toda su creación.

13. Posteriormente habrá otra semana, la octava de la justicia, en la que se entregará una espada para realizar un juicio y justicia sobre todos los opresores.

14. Los pecadores serán entregados a las manos de los justos, que durante su terminación adquirirán habitaciones debido a su justicia; y la casa del gran Rey se establecerá para las celebraciones por siempre. Después de esto, en la novena semana, se revelará a todo el mundo el juicio de la justicia.

15. Toda obra de los impíos desaparecerá de toda la tierra; el mundo estará marcado para la destrucción; y todos los hombres estarán atentos al camino de la integridad.

16. Y después de esto, en el séptimo día de la décima semana, habrá un juicio eterno, que se ejecutará sobre los Vigilantes; y un amplio cielo eterno surgirá en medio de los ángeles.

---

[1] El Templo de Salomón.
[2] Nabucodonosor.
[3] Cautiverio babilónico.

17. El cielo anterior se irá y desaparecerá; aparecerá un nuevo cielo y todas las potencias celestiales brillaran por siempre con un esplendor en septuplicado. Asimismo, después habrá muchas semanas, que existirán externamente en la bondad y en la justicia.

18. Tampoco se nombrará ahí un pecado por los siglos de los siglos.[1]

19. ¿Quién hay de todos los hijos de los hombres, que sea capaz de oír la voz del Santo sin emoción?

20. ¿Quién es capaz de concebir sus pensamientos? ¿Quién es capaz de contemplar todas las obras del cielo? ¿Quién de comprender las obras del cielo?

21. Él puede ver la animación de ello, pero no su espíritu. Él puede ser capaz de conversar *respecto a ello,* pero no de ascender *a ello.* Él puede ver todas las fronteras de estas cosas, y meditar acerca de ellas; pero él no puede hacer nada como ellas.

22. ¿Quién de todos los hombres puede comprender lo ancho y lo largo de la tierra?

23. ¿Por quién han sido vistas las dimensiones de todas estas cosas? ¿Todos los hombres son capaces de comprender la extensión del cielo; cuál es su elevación, y qué lo sostiene?

24. ¿Cuál es el número de las estrellas; y dónde se quedan en descanso todas las luminarias?

Capítulo 93

1. Y ahora permítanme exhortarlos, hijos míos, a amar la justicia, y seguir su camino; porque los caminos de la justicia

---

[1] Los seis versículos precedentes, a saber, el 13, 14, 15,16, 17 y 18, se tomaron de entre los versículos 14 y 15 del capítulo 19, donde se encontraron en los Manuscritos. Pero el sentido en este lugar parece requerir en forma evidente que estén aquí, por lo que me he aventurado a transponerlos.

son dignos de ser aceptados; pero los caminos de la iniquidad fracasarán repentinamente y desaparecerán.

2. A los hombres de distinción en su generación se les revelan los caminos de la opresión y la muerte; pero se mantienen alejados de ellos, y no los siguen.

3. Ahora, también, permítanme exhortarlos a ustedes *que son* justos, a no caminar por los caminos de la maldad, y la opresión, ni en los caminos de la muerte. No se acerquen a ellos, para no perecer; pero anhelen,

4. Y escojan para ustedes la justicia, y una buena vida.

5. Sigan los caminos de la paz, para que puedan vivir y sean dignos. Mantengan mis palabras en sus pensamientos más recónditos y no los borren de sus corazones; porque sé que los pecadores aconsejan con astucia a los hombres a que cometan crímenes. Ellos no están en todos los lugares, y tampoco todo consejo lleva un poco de ellos.

6. Desgracia para quienes edifican la injusticia y la opresión, y para los que ponen los cimientos del fraude; porque serán repentinamente derribados y no obtendrán la paz.

7. Desgracia para los que edifican sus casas con crímenes; porque desde sus mismos cimientos sus casas[1] serán demolidas, y ellos *mismos* por la espada caerán. También, aquellos que adquieren oro y plata, perecerán en forma justa y repentina. Desgracia para ustedes que son ricos, porque ustedes han confiado en sus riquezas; pero de sus riquezas serán despojados; porque ustedes no se han acordado del Altísimo en sus días de prosperidad: [ustedes serán despo-

---

[1] *ellas.*

jados, debido a que no se han acordado del Altísimo en sus días de su prosperidad.[1]]

8. Ustedes han cometido blasfemia e injusticia; y están destinados al día en el que brotará la sangre, al día de las tinieblas, y al día del gran juicio.

9. Yo declaro esto y se lo señalo, que aquel que los creó a ustedes los destruirá.

10. Cuando ustedes caigan, él no les mostrará misericordia; pero su Creador se alegrará de su destrucción.

11. Permitan entonces, en esos días que aquellos que serán justos entre ustedes, detesten a los pecadores y a los impíos.

Capítulo 94

1. O, si mis ojos fueran nubes de agua, y yo pudiera llorar sobre ustedes, y verter mis lágrimas como lluvia,[2] ¡y tener consuelo para la angustia de mi corazón!

2. ¿Quién les ha permitido a ustedes odiar y cometer transgresiones? El juicio los alcanzará a ustedes, pecadores.

3. Los justos no les temerán a los malvados; porque Dios los entregará de nuevo al poder de ustedes, para que puedan vengarse de ellos como gusten.

4. Desgracia para ustedes que están tan sujetos por las execraciones, que no pueden liberarse ustedes de ellas; estando el remedio muy alejado de ustedes a causa de sus pecados. Desgracia para ustedes que recompensan con maldad a su vecino; porque ustedes serán recompensados de acuerdo con sus obras.

---

[1] Estas líneas evidentemente son una repetición de las precedentes, debido a un error en la transcripción. No aparecen en el Manuscrito de París.

[2] *una nube de agua.*

5. Desgracia para ustedes, testigos falsos, ustedes que agravan la injusticia; porque ustedes perecerán repentinamente.

6. Desgracia para ustedes, pecadores; porque ustedes rechazan a los justos; porque ustedes reciben o rechazan *a placer* a aquellos que *cometen* injusticias; y su yugo prevalecerá sobre ustedes.

Capítulo 95

1. Tengan esperanza, ustedes los justos; porque repentinamente perecerán los pecadores ante ustedes, y ustedes ejercerán dominio sobre ellos de acuerdo al deseo de ustedes.

2. En el día de la tribulación de los pecadores, los hijos de ustedes ascenderán y volarán como águilas. Su nido estará más alto que el de los buitres; ustedes ascenderán, y entrarán en las cavidades de la tierra, y en las grietas de las rocas por siempre, como conejos, lejos de la presencia de los injustos;

3. Que gemirán sobre ustedes y llorarán como sirenas.

4. Ustedes no temerán a aquellos que los agobian; porque la restauración será de ustedes, una luz espléndida brillará alrededor de ustedes, y la voz de tranquilidad se oirá desde el cielo. Desgracia para ustedes, pecadores; porque su riqueza les da la apariencia de santos, pero sus corazones se los reprochan, *sabiendo* que ustedes son pecadores. Está palabra testificará en contra de ustedes, por el recuerdo de los crímenes.

5. Desgracia para ustedes que se alimentan de la gloria del cereal, y beben la fuerza de la fuente[1] más profunda, y con *el orgullo de* su poder pisotean a los humildes.

---

[1] *de la raíz de la fuente.*

6. Desgracia para ustedes que beben agua como les place;[1] porque repentinamente ustedes serán recompensados, serán consumidos y exprimidos hasta la última gota, porque rechazaron la fuente de la vida.

7. Desgracia para ustedes que actúan con injusticia, fraude y blasfemia; habrá un memorial en contra de ustedes por la maldad.

8. Desgracia para ustedes, los poderosos, que con el poder derriban la justicia; porque vendrá el día de su destrucción; *mientras que* en ese justo momento muchos días buenos serán la porción de los justos,[2] *incluso* en el periodo del juicio de ustedes.

Capítulo 96

1. Los justos tienen la confianza de que los pecadores serán avergonzados, y perecerán el día de la injusticia.

2. Ustedes mismos estarán conscientes de ello; porque el Altísimo recordará su destrucción, y los ángeles se alegrarán debido a ello. ¿Qué van a hacer ustedes, pecadores, y a dónde volarán en el día del juicio, cuando oigan las palabras de la oración de los justos?

3. Ustedes no son como aquellos que en este aspecto testificarán contra ustedes; ustedes son cómplices de los pecadores.

4. En aquellos días la oración de los justos ascenderá ante el Señor. Cuando llegue el día del juicio para ustedes; y toda circunstancia de su injusticia sea relatada ante el grande y Santo;

5. Los rostros de ustedes se llenarán de vergüenza; mientras que toda obra fortalecida por los crímenes, se rechazará.

---

[1] *en todo momento.*
[2] *llegarán a los justos.*

6. Desgracia para ustedes, pecadores, que en medio del mar, y sobre tierra seca son aquellos en contra de quienes existen registros de maldad. Desgracia para ustedes que despilfarran el oro y la plata, que no se obtuvieron con justicia, y dicen: Somos ricos, poseemos la riqueza, y hemos adquirido todo lo que podemos desear.

7. Entonces ahora haremos todo lo que estamos dispuestos a hacer; porque hemos acumulado plata; nuestros graneros están llenos, y los granjeros de nuestras familias son como agua que se desparrama.[1]

8. Como agua pasarán sus falsedades; porque su riqueza no será permanente, sino que súbitamente volará de ustedes, porque ustedes la han adquirido con injusticia; y serán entregados a una maldición extrema.

9. Y ahora les juro a ustedes, los astutos, así como también a los tontos, que ustedes, que con frecuencia contemplan la tierra, ustedes *que son* hombres, se visten con más elegancia[2] que mujeres casadas, y todos ustedes más que las que no se han casado, *adornándose* en todas partes con majestuosidad, con magnificencia, con autoridad, y con plata; pero el oro, el púrpura, los honores, y la riqueza, como agua se derraman.

10. Por lo tanto la erudición y la sabiduría no son de ellos. Así[3] que ellos perecerán, junto con sus riquezas, con toda su gloria, y con todos sus honores;

11. Mientras que con desgracia, con matanza, y en extrema penuria, sus espíritus serán arrojados al horno de fuego.

---

[1] *son muy parecidos al agua.*
[2] *que se ponen más elegantes.*
[3] *Y es así.*

12. Les he jurado a ustedes, pecadores, que ni la montaña, ni la colina han sido o serán serviles[1] de una mujer.

13. Tampoco en esta forma se ha enviado el crimen a nosotros[2] sobre la tierra sino a los hombres con su propia opinión que lo han inventado; y se maldecirá en gran medida a aquellos que lo dan eficientemente.

14. La esterilidad no ha sido dada *previamente* a la mujer; sino que es por causa de la obra de sus manos por la que muere sin hijos.

15. Les he jurado a ustedes, pecadores por el santo y el Grande, que todas sus malas acciones son mostradas en los cielos; y que ninguno de sus actos de opresión está oculto o secreto.

16. No piensen en sus mentes, ni digan en sus corazones, que todo crimen no se manifiesta ni se ve. En el cielo se anota diariamente ante el Altísimo. A partir de entonces se manifestará; porque todo acto de opresión que ustedes cometan se registrará diariamente, hasta el periodo de su condena.

17. Desgracia para ustedes, los tontos porque ustedes perecerán en su simpleza. Ustedes no escucharán al sabio, y aquello que es bueno para ustedes no lo obtendrán.[3]

18. Por lo tanto sepan ahora que ustedes están destinados para el día de la destrucción; no esperen que los pecadores vivan; pero en el proceso del tiempo ustedes morirán;[4] porque ustedes no están marcados[5] para la redención;

19. Si no que están destinados para el día del gran juicio, para el día de la aflicción, y para la extrema ignominia de sus almas.

---

[1] *un sirviente.* Tal vez al proporcionarlos con los tesoros para los ornamentos.

[2] *nuestro crimen ha descendido.*

[3] *no los encontrará a ustedes.*

[4] *ustedes continuarán y morirán.*

[5] *señalados.*

20. Desgracia para ustedes, los obstinados de corazón, que cometen crímenes, y se alimentan de sangre. ¿De dónde *es que* ustedes se alimentan de cosas buenas, beben, y se satisfacen? ¿No es por que nuestro Señor, el Altísimo, ha suministrado con abundancia todas las cosas buenas en la tierra? Para ustedes no habrá paz.

21. Desgracia para ustedes que aman los hechos de injusticia. ¿Por qué esperan aquello que es bueno? Sepan que serán entregados a las manos de los justos, que les cortarán el cuello, que los matarán y que no tendrán compasión de ustedes.

22. Desgracia para ustedes que se alegran por la tribulación de los justos; porque ninguna tumba será excavada para ustedes.

23. Desgracia para ustedes que frustran la palabra de los justos, porque no hay para ustedes esperanza de vida.

24. Desgracia para ustedes que escriben la palabra de falsedad y la palabra de maldad; porque ellos registran su falsedad, para que ellos puedan oír y no olviden los disparates.

25. Para ellos no habrá paz; sino que ellos perecerán súbitamente.

Capítulo 97

1. Desgracia para aquellos que actúan con impiedad, que alaban y honran la palabra de la falsedad. Ustedes se han perdido en la perdición; y nunca han conducido una vida virtuosa.

2. Desgracia para ustedes que cambian las palabras de integridad. Ellas transgreden contra el decreto eterno;

3. Y causan que las cabezas de aquellos que no son pecadores sean pisoteadas en la tierra.

4. En esos días ustedes, O ustedes los justos, serán considerados dignos de que sus oraciones se eleven en remembranza; y se depositarán como testimonio ante los ángeles, para que ellos puedan registrar los pecados de los pecadores en la presencia del Altísimo.

5. En esos días él trastocará las naciones; pero las familias de las naciones se levantarán de nuevo en el día de la perdición.

6. En esos días aquellas que lleguen a embarazarse se irán, y llevarán a sus hijos y los abandonarán. Sus hijos se resbalarán de ellas, y mientras todavía los amamantan los abandonarán; nunca volverán a ellos y nunca instruirán a sus seres queridos.

7. De nuevo les juro a ustedes, pecadores, que el crimen ha sido preparado para el día del incesante derramamiento de sangre.

8. Ellos adorarán las piedras y fabricarán imágenes de oro, plata y madera. Ellos adorarán espíritus impuros, demonios y toda clase de ídolos, en templos; pero no se obtendrá ninguna ayuda para ellos.[1] Sus corazones se volverán impíos por su locura, y sus ojos estarán enceguecidos con superstición mental.[2] En sus sueños visionarios ellos serán impíos y supersticiosos,[3] mintiendo en todas sus acciones, y adorando una piedra. Todos ellos perecerán.

9. Pero en esos días benditos serán quienes acepten las palabras de sabiduría, que señalen y sigan el camino del Altísimo; quienes caminen por el sendero de la justicia y quienes no actúen con impiedad con los impíos.

10. Ellos serán salvados.

---

[1] *se encontrará para ellos.*

[2] *con el temor de su corazón.*

[3] *y miedo.*

11. Desgracia para ustedes que difunden el crimen de su prójimo, porque se les dará muerte en el infierno.

12. Desgracia para ustedes que colocan los cimientos del crimen y el engaño, y que son amargos en la tierra; porque en ella serán consumidos.

13. Desgracia para ustedes que edifican su casa gracias al trabajo de los demás; todas las partes de ella se construyen con ladrillo,[1] y con piedra de crimen; les digo que no tendrán paz.

14. Desgracia para ustedes que desprecian la extensión de la herencia eterna de sus padres, mientras que sus almas siguen a los ídolos; porque para ustedes no habrá tranquilidad.

15. Desgracia para aquellos que obran injusticia, y prestan ayuda a la blasfemia, que asesinan a su prójimo hasta el día del gran juicio; porque caerá su gloria; Él pondrá maldad en sus corazones, y el espíritu de la cólera de Él los agitará a *ustedes,* para que todos ustedes perezcan por la espada.

16. Entonces todos los justos y los santos se acordarán de los crímenes de ustedes.

Capítulo 98

1. En esos días los padres serán derribados con sus hijos en la presencia unos de otros,[2] y los hermanos con sus hermanos caerán muertos: hasta que corra un río con su sangre.

2. Porque un hombre no podrá restringir su mano respecto a sus hijos, ni de los hijos de sus hijos; su misericordia será matarlos.[3]

---

[1] *toda estructura de ella es de ladrillo.*

[2] *en un lugar.*

[3] *él ha sido misericordioso, para poder matar.*

3. Ni el pecador restringirá su mano respecto a su hermano que se honra. Desde el amanecer del día hasta que se ponga el sol continuará la matanza.[1] El caballo avanzará hasta que su pecho se bañe en la sangre de los pecadores y el carro se hundirá hasta su eje,[2] en la sangre de los pecadores.

Capítulo 99

1. En esos días los ángeles descenderán en sitios escondidos, y reunirán en un solo lugar a todos los que han brindado apoyo al crimen.
2. En ese día el Altísimo se levantará para sentenciar el gran juicio sobre todos los pecadores, y a encargar la protección de los justos y los santos a los santos ángeles, para que ellos puedan protegerlos como a la niña de un ojo, hasta que toda maldad y todo crimen sea aniquilado.
3. Ya sea que los justos duerman *o no* un sueño con seguridad,[3] los hombres sabios en verdad percibirán entonces.
4. Y los hijos de la tierra comprenderán cada palabra de ese libro, sabiendo que sus riquezas no pueden salvarlos en la ruina de sus crímenes.
5. Desgracia para ustedes, pecadores, cuando estén ustedes afligidos por causa de los justos en el día de la gran dificultad; se les quemará en el fuego; y se les recompensará de acuerdo con sus obras.
6. Desgracia para ustedes, perversos de corazón, que velan para obtener un conocimiento preciso de la maldad, y para descubrir terrores. A ustedes nadie los ayudará.

---

[1] *ellos serán asesinados.*
[2] *su parte superior.*
[3] *un sueño profundo.*

7. Desgracia para ustedes, pecadores; porque con las palabras de sus bocas, y con las obras de sus manos, ustedes han actuado con impiedad; y ustedes serán quemados en la flama de un fuego ardiente.

8. Y ahora, sepan ustedes, que los ángeles indagarán su conducta en el cielo; del sol, la luna y las estrellas, *ellos indagarán* respecto a sus pecados; porque sobre la tierra ustedes ejercen jurisdicción sobre los justos.

9. Toda nube dará testimonio en contra de ustedes, la nieve, el rocío, y la lluvia: porque todos ellos quedarán restringidos respecto a ustedes, para que no puedan descender sobre ustedes, ni sean sirvientes de los crímenes de ustedes.

10. Entonces ahora traigan regalos de saludo para la lluvia; para que al no ser retenida, pueda descender sobre ustedes; y para el rocío, si ha recibido de ustedes oro y plata. Pero cuando caigan sobre ustedes la escarcha, la nieve, el frío, y todas las tormentas de nieve, y todas las calamidades que les corresponden, en esos días ustedes serán totalmente incapaces de mantenerse ante ellos.

Capítulo 100

1. Observen con atención el cielo, todos ustedes que son progenie del cielo, y todos ustedes, que son obra del Altísimo; témanle, no se conduzcan en forma criminal ante él.

2. Si Él cierra las ventanas del cielo, restringiendo la lluvia y el rocío, para que no caigan sobre la tierra a causa de ustedes, ¿qué harán ustedes?

3. Si Él envía su cólera contra ustedes, y sobre todas sus acciones, ustedes no son los que pueden suplicarle; ustedes los

que pronuncian[1] contra su justicia un lenguaje orgulloso y poderoso.[2] Para ustedes no habrá paz.

4. ¿No ven ustedes a los comandantes[3] de navíos, cómo son agitados sus navíos por las olas, son hechos pedazos por los vientos, y quedan expuestos al mayor peligro?

5. ¿A causa de esto ellos temen, porque todas sus propiedades están embarcadas con ellos en el océano; y ellos presagian la maldad[4] en sus corazones, porque puede tragárselos, y pueden perecer en él?

6. ¿No es todo el mar, todas sus aguas y toda su conmoción, la obra de él, el Altísimo; de él que ha sellado toda su acción y ha ceñido todos sus lados con arena?

7. ¿*No es que* a su reprimenda se secó y se alarmó; mientras todos sus peces mueren con todo lo que *contiene?* ¿Y no le temen ustedes, pecadores, que están sobre la tierra? ¿Y no es Él el creador del cielo y de la tierra, y de todas las cosas que están en ellos?

8. ¿Y quién le ha dado erudición y sabiduría a todo lo que se mueve *progresivamente* sobre la tierra, y sobre el mar?

9. ¿No están aterrados del océano los comandantes de navíos? ¿Y no estarán aterrados los pecadores del Altísimo?

Capítulo 102[5]

1. En esos días, cuando Él lance sobre ustedes la calamidad del fuego, ¿a dónde volarán ustedes, y a dónde estarán seguros?

---

[1] *porque ustedes pronuncian.*
[2] *cosas grandes y poderosas.*
[3] *reyes.*
[4] *no tienen buenos pensamientos.*
[5] No hay capítulo 101 en los Manuscritos.

2. Y cuando Él lanza su palabra contra ustedes, ¿no se prescinde de ustedes y están aterrados?

3. Todas las luminarias se agitan con gran temor; y se prescinde de toda la tierra, mientras se sacude y sufre ansiedad.

4. Todos los ángeles ejecutarán las órdenes que ellos *recibieron*, y buscarán ocultarse de la presencia de la gran Gloria; mientras que los hijos de la tierra están alarmados y afligidos.

5. Pero ustedes, pecadores, estarán malditos por siempre; para ustedes no habrá paz.

6. No teman ustedes, almas de los justos; sino que tengan una esperanza paciente del día de su muerte en la justicia. No se entristezcan, porque sus almas desciendan con gran dificultad, con gemidos, lamentos, y pesar, al receptáculo de los muertos. En su vida sus cuerpos no han recibido recompensa en proporción a su bondad,[1] pero en el periodo de la existencia de ustedes han existido los pecadores; en el periodo de execración y de castigo.

7. Y cuando ustedes mueran, los pecadores dicen de ustedes: "Tal como morimos, mueren los justos. ¿Qué provecho han sacado ellos de sus obras? He aquí, que al igual que nosotros, ellos expiran en la tristeza y en las tinieblas. ¿Qué ventaja tienen ellos sobre nosotros? Desde ahora somos iguales. ¿Qué estará dentro de su alcance, y qué estará ante sus ojos[2] por siempre? Porque he aquí que ellos están muertos; y nunca percibirán ellos de nuevo[3] la luz". Yo les digo a ustedes, pecadores: Ustedes se han saciado con carne y bebida, con saqueo y rapiña humana, con el pecado, con la adquisi-

---

[1] *su carne no ha encontrado de acuerdo a la bondad de ustedes.*

[2] *¿Qué obtendrán ellos, y qué verán?*

[3] *de aquí en adelante por siempre.*

ción de riqueza y ante la perspectiva de buenos días. ¿No han notado ustedes a los justos, cómo su final es en paz? Porque no se encuentra ninguna opresión en ellos incluso en el día de su muerte. Ellos perecen, y están como si no lo hicieran, mientras sus almas descienden en aflicción al receptáculo de los muertos.

Capítulo 103

1. Pero ahora les juro a ustedes, los justos, por la grandeza del esplendor de él y de su gloria; por su ilustre reino y por su majestuosidad, a ustedes les juro, que comprendo este misterio, que he leído en la tablilla del cielo, he visto el escrito de los Santos, y he descubierto lo que está escrito y registrado en ello respecto a ustedes,

2. *He visto* que toda la bondad, alegría y gloria han sido preparadas para ustedes, y se han escrito para los espíritus de aquellos que mueren eminentemente justos y buenos.[1] Para ustedes se les dará a cambio de sus dificultades; y su destino *de felicidad* excederá por mucho el destino de los vivos.

3. Los espíritus de ustedes que mueran en la justicia existirán y se alegrarán. Sus espíritus se regocijarán; y su memoria estará ante el rostro del Poderoso de generación en generación. Ellos no temerán a la afrenta.

5. Desgracia para ustedes, pecadores, cuando mueren en sus pecados; y ellos, que son como ustedes, dicen respecto a ustedes: Benditos sean estos pecadores. Ellos han vivido todo su periodo;[2] y ahora ellos mueren en la felicidad[3] y en

---

[1] *en la justicia y en mucha bondad.*
[2] *Ellos han visto todos sus días.*
[3] *en la bondad.*

la riqueza. Ellos no conocieron[1] la tribulación ni la matanza, mientras vivieron; en honor han muerto; y nunca en su vida se profirió juicio contra ellos.

5. *¿Pero* a ellos no se les ha mostrado, que *cuando* se haga que sus almas desciendan al receptáculo de los muertos, sus acciones malévolas se convertirán en sus mayores tormentos? Sus espíritus entrarán en las tinieblas, en la trampa, y en las flamas, que arderán hasta el gran juicio; y el gran juicio se ejecutará por los siglos de los siglos.[2]

6. Desgracia para ustedes; porque no habrá paz para ustedes. Tampoco pueden ustedes decirles a los justos, y a los buenos que están con vida: "En los días de nuestras dificultades hemos estado afligidos; hemos visto toda *clase de* dificultades, y hemos padecido[3] muchos males".

7. "Nuestros espíritus han sido consumidos, disminuidos y reducidos".

8. "Hemos perecido; no ha habido posibilidad de ayuda para nosotros de palabra o de acción; no hemos encontrado ninguna, pero hemos sido atormentados y destruidos".

9. "No hemos esperado vivir[4] día tras día".

10. "En verdad esperábamos ser la cabeza";

11. "Pero nos hemos convertido en la cola. Hemos estado afligidos, cuando hemos realizado esfuerzos; pero hemos sido devorados por los pecadores[5] y los malvados; su yugo ha sido una carga para nosotros".

12. "Ésos han ejercido dominio sobre nosotros a quienes nos detestan y nos agreden; y ante quienes nos odian hemos ba-

---

[1] *ellos no vieron.*
[2] *será para todas las generaciones, incluso por siempre.*
[3] *encontrado.*
[4] *ver vida.*
[5] *sido alimento para los pecadores.*

jado la cabeza; pero ellos no han mostrado compasión hacia nosotros".

13. "Hemos deseado escapar de ellos, para poder huir volando y descansar; pero no hemos encontrado ningún lugar al que pudiéramos volar, y estar seguros de ellos. Hemos buscado asilo con príncipes en nuestra aflicción, y les hemos gritado a aquellos que nos estaban devorando; pero nuestro grito no ha sido atendido, ni ellos han estado dispuestos a oír nuestra voz";

14. "Pero en lugar de auxiliar a aquellos que nos saquean y nos devoran; aquellos que nos disminuyen, y encubren su opresión; que no retiran su yugo de nosotros, sino que nos devoran, debilitan y matan; que ocultan nuestra matanza, no recuerdan que han levantado sus manos en contra de nosotros".

Capítulo 104

1. Les juro a ustedes, los justos, que en el cielo los ángeles registran su bondad ante la gloria del Poderoso.

2. Esperen con esperanza paciente; porque anteriormente han sido afligidos con la maldad y el sufrimiento, pero ahora brillarán como las luminarias del cielo. Se les verán, y los portales del cielo se abrirán para ustedes. Sus gritos han clamado por el juicio; y éste ha aparecido para ustedes: porque un recuento de todos sus sufrimientos se requerirá de los príncipes, y de todos los que han ayudado a quienes los despojan a ustedes.

3. Esperen con esperanza paciente; no renuncien a su confianza; porque una gran alegría será de ustedes, como la de los ángeles en el cielo. Compórtense como lo deseen, de todas maneras a ustedes no se les esconderá en el día del gran juicio. No se encontrará que ustedes sean pecadores; y

el juicio eterno caerá lejos de ustedes, en tanto exista[1] el mundo.

4. Y ahora no teman ustedes, los justos, cuando vean a los pecadores floreciendo y con prosperidad[2] en sus caminos.

5. No se asocien con ellos; sino manténganse alejados de su opresión; asóciense con las huestes del cielo. Ustedes, los pecadores dicen: Todas nuestras transgresiones no serán tomadas en cuenta, ni serán registradas. Pero todas sus transgresiones se registrarán diariamente.

6. Y tengan la seguridad en lo que les digo,[3] que la luz y las tinieblas, el día y la noche, observan todas sus transgresiones. No sean impíos en sus pensamientos; no mientan; no renuncien a la palabra de la rectitud; no mientan en contra de la palabra del santo y del Poderoso; no glorifiquen a sus ídolos; porque todas sus mentiras y toda su impiedad no son para la rectitud, sino para un gran crimen.

7. Ahora señalaré un misterio: muchos pecadores alterarán y transgredirán contra la palabra de rectitud.

8. Ellos dirán cosas malévolas; expresarán falsedades; realizarán grandes acciones;[4] y harán libros en sus propias palabras. Pero cuando ellos escriban todas mis palabras correctamente en sus propios idiomas,

9. Ellos no las cambiarán ni las disminuirán; sino que las escribirán todas correctamente; todo lo cual desde el principio he expresado con respecto a ellos.

---

[1] *durante todas las generaciones del mundo.*
[2] *fuertes y respetables.*
[3] *les mostraré.*
[4] *crearán una gran creación.*

10. También señalo otro misterio. A los justos y a los sabios se les darán libros de alegría, de integridad, y de gran sabiduría. A ellos se les darán libros, en los que ellos creerán;

11. Y en los que ellos se regocijarán. Y todos los justos serán recompensados, quienes a partir de ellos adquirirán el conocimiento de todo camino recto.

Capítulo 104[1]

1. En esos días, dijo el Señor, ellos llamarán a los hijos de la tierra, y hará que ellos escuchen su sabiduría. Muéstrenles que ustedes son sus líderes;

2. Y esa nueva numeración *ocurrirá* por toda la tierra; porque yo y mi Hijo estaremos por siempre en comunión con ellos en los caminos de la rectitud, mientras ellos todavía estén vivos.[2] La paz será de ustedes. Regocíjense, hijos de la integridad, en la verdad.

Capítulo 105

1. Pasado un tiempo,[3] mi hijo Matusalén tomó una esposa para su hijo Lamec.

2. Ella se embarazó de él, y dio a luz a un hijo, cuya carne era más blanca que la nieve, y roja como una rosa; el cabello de su cabeza era blanco como la lana, y largo; y sus ojos eran bellos. Cuando los abrió, él iluminó toda la casa, como el sol; toda la casa tenía abundancia de luz.

3. Y cuando lo tomaron de las manos de la partera, él también abrió la boca, le habló al Señor de justicia. Entonces su padre Lamec tuvo temor de él; y huyó y fue hasta donde esta-

---

[1] Este capítulo aparece dos veces.
[2] *por siempre nos mezclaremos con ellos en los caminos de la rectitud en sus vidas.*
[3] *después de días.*

ba su padre Matusalén. Y dijo: He engendrado un hijo, diferente, *a los otros niños.*[1] Él no es humano; sino que se parece a un hijo de los ángeles del cielo, su naturaleza es diferente *respecto a la nuestra,* siendo totalmente diferente a nosotros.

4. Sus ojos son *brillantes* como los rayos del sol; su rostro es glorioso, y él parece que no fuera de mí, sino de los ángeles.

5. Temo que se realice algo milagroso en la tierra durante su vida.

6. Y ahora, padre mío, permíteme suplicarte e implorarte que vayas con tu progenitor Enoc y sepas de él la verdad, ya que su residencia está con los ángeles.

7. Cuando Matusalén oyó las palabras de su hijo, él vino a mí en los confines de la tierra, porque se le había informado que yo estaba allí; y él gritó.

8. Oí su voz, y fui a él diciendo: "He aquí, hijo mío, que yo estoy *aquí;* ya que has venido a mí.

9. Él respondió y dijo: He venido a ti debido a un gran evento y a causa de una visión difícil *de comprender* me he acercado a ti.

10. Ahora escúchame padre mío; porque le ha nacido un hijo a mi hijo Lamec, que no se parece a él, su naturaleza no es como la naturaleza humana. Su color es más blanco que la nieve; él es más rojo que la rosa; los cabellos de su cabeza son más blancos que la lana blanca; sus ojos son como los rayos del sol; y cuando él los abrió él iluminó toda la casa.

11. También cuando se le tomó de las manos de la partera, él abrió la boca, y bendijo al Señor del cielo.

---

[1] *a un hijo cambiado.*

12. Su padre Lamec tuvo miedo, y huyó hacia mí, sin creer que *el niño* sea suyo, sino que se parece a los ángeles del cielo. Y heme aquí que he venido hacia ti, para que pudieran indicarme la verdad.

13. Entonces yo, Enoc, le respondí y dije: El Señor realizará algo nuevo sobre la tierra. Esto lo expliqué, y lo vi en una visión. Te he mostrado que *en* las generaciones de Jared, mi padre, aquellos que provenían del cielo despreciaron la palabra del Señor. He aquí que ellos cometieron crímenes; hicieron a un lado su clase, y se entremezclaron con las mujeres. Con ellas también cometieron transgresiones; se casaron con ellas, y engendraron hijos.

14. Por lo tanto habrá una gran destrucción sobre toda la tierra; un diluvio, una gran destrucción, ocurrirá en un año.

15. Este niño que nació de ti sobrevivirá en la tierra, y sus tres hijos, se salvarán con él. Cuando muera toda la humanidad que está en la tierra, él estará a salvo.

16. Y su posteridad engendrará en la tierra gigantes, no espirituales, sino carnales. Sobre la tierra se infligirá un gran castigo y se limpiará de toda corrupción. Por lo tanto, informa ahora a tu hijo Lamec, que aquel que ha nacido es su hijo en verdad; y que él dirá que su nombre es *Noé,* porque para ti él será un sobreviviente. Él y sus hijos se salvarán de la corrupción que sucederá en el mundo; de todos los pecados y de todas las injusticias que se consumarán en la tierra en los días de él. Posteriormente ocurrirá una injusticia mayor que la que antes se había consumado en la tierra; porque conozco los santos misterios, que el Señor mismo me ha revelado y me ha explicado; y que he leído en las tablillas del cielo.

17. Yo vi escrito en ellas, que generación tras generación realizará transgresiones, hasta que surja una raza justa; hasta que

las transgresiones y los crímenes perezcan de la tierra; y hasta que todo el bien venga a la tierra.

18. Y ahora, mi hijo, ve a decirle a tu hijo Lamec,

19. Que el hijo que nació, es su hijo de verdad; y de que no hay engaño.

20. Cuando Matusalén escuchó la palabra de su padre Enoc, que le había revelado todas las cosas secretas, él regresó con comprensión,[1] y le dio a este niño el nombre de Noé; pues él debía consolar la tierra de toda su destrucción.

21. Otro libro, que escribió Enoc para su hijo Matusalén, y para aquellos que vendrán después de él, y preservarán su pureza de conducta[2] en los días posteriores. Ustedes, que se han esforzado, esperarán en esos días, hasta que se consuman los que han obrado mal, y se aniquile el poder de la culpa. Esperen, hasta que pase el pecado; porque los nombres de ellos serán borrados de los libros sagrados; su simiente será destruida, y sus espíritus serán muertos. Ellos gritarán y se lamentarán en un desierto invisible, y arderán en el fuego sin fondo.[3] Ahí percibí, según lo estaba, una nube por la que no se podía ver a través; porque desde la profundidad de ella yo no podía mirar hacia arriba. Vi también una llama de fuego ardiendo resplandecer y, según era eso, montañas brillantes que daban vueltas y se agitaban de un lado para otro.

22. Entonces le pregunté a uno de los ángeles santos, que iba conmigo, y dije: ¿Qué es este espléndido *objeto*? Porque eso no es el cielo, sino solamente una llama de fuego que arde; y *en ella hay* un estruendo de gritos, de lamentos y de gran sufrimiento.

---

[1] *viendo.*

[2] *su estado de vida.*

[3] *en el fuego arderán, donde no hay tierra.*

23. Él dijo: Ahí, en ese lugar que ves, serán arrojados los espíritus de los pecadores y de los blasfemos; de aquellos que obran mal, y de todos aquellos que alterarán todo lo que Dios ha dicho por boca de los profetas; todo lo que ellos deberán hacer. Porque respecto a estas cosas habrá escritos y grabados en lo alto del cielo, para que los ángeles puedan leerlos y sepan lo que sucederá tanto a los pecadores como a los espíritus de los humildes; aquellos que han sufrido en sus cuerpos, pero que han sido recompensados por Dios; los que han sido tratados en forma perjudicial por los hombres malévolos; los que han amado a Dios; los que no se han aferrado ni al oro ni a la plata, ni a ninguna otra cosa buena en el mundo, sino que han entregado sus cuerpos para que los atormenten;

24. Aquellos que desde el periodo de su nacimiento[1] no han sido ambiciosos de las riquezas terrenales; sino que se han mirado como una brisa que pasa.

25. Tal ha sido su conducta;[2] y el Señor los ha sometido a muchas pruebas; y se ha encontrado que sus espíritus son puros, para poder bendecir su nombre. En este libro he relatado todas sus bendiciones; y Él los ha recompensado; por que se ha encontrado que ellos aman al cielo con una aspiración eterna. *Dios ha dicho:* Mientras ellos han sido pisoteados por hombres malévolos, ellos han escuchado ofensas y blasfemias; y han sido tratados en forma ignominiosa, mientras ellos me bendecían. Y ahora yo llamaré a los espíritus de los buenos provenientes de la generación de la luz, y transformaré a quienes han nacido en tinieblas; y no han recibido en su cuerpo la recompensa con gloria, como convenía a su fe.

---

[1] *desde el tiempo en el que ellos fueron.*
[2] *Y esto es lo que ellos han seguido.*

26. Los llevaré a la luz espléndida de aquellos que aman mi nombre santo; y a cada uno de ellos los colocaré en un trono de gloria, de gloria *peculiarmente* suya, para que ellos puedan descansar durante periodos innumerables. Justo es el juicio de Dios;

27. Porque a los fieles él les dará fe en las habitaciones de la rectitud.[1] Ellos verán a aquellos, que habiendo nacido en la obscuridad serán arrojados a la obscuridad; mientras que los justos tendrán descanso. Los pecadores gritarán, mirándolos, mientras ellos existen en esplendor y avanzaran a los días y los periodos prescritos para ellos.[2]

Aquí termina la visión de Enoc el profeta. ¡Que la bendición de su oración y el regalo de su periodo asignado, estén con sus bien amados! Amén.

Litografía de Axum por Henry Salt, 1809.

---

[1] *de los caminos rectos.*
[2] *escritos para ellos.*

Una de las iglesias monolíticas talladas en piedra de Lalibela en Etiopía. Está es la Casa de San Jorge, que se dice que se talló en el siglo XIII, d.C., pero se desconoce la edad real.

TÍTULOS DE ESTA COLECCIÓN

Impreso en los talleres de
Trabajos Manuales Escolares,
Oriente 142 No. 216
Col. Moctezuma 2a. Secc.
Tels. 5 784.18.11 y 5 784.11.44
México, D.F.